부의 심리학

부의 심리학

부자가 되려면
반드시 알아야 할 돈의 속성

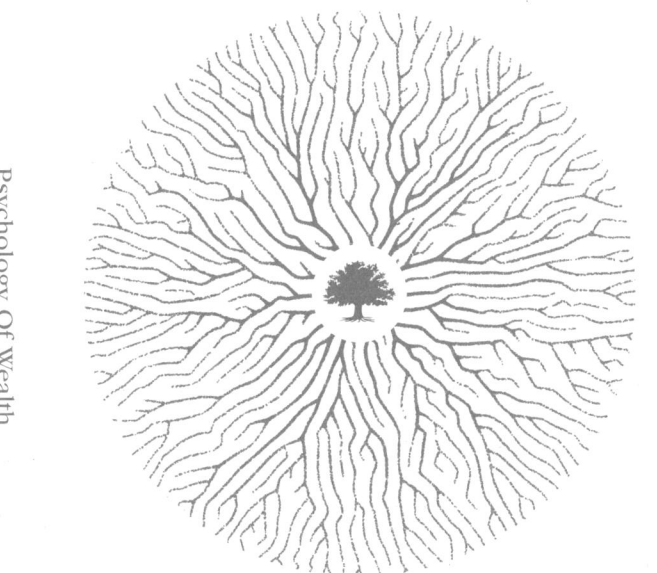

Psychology Of Wealth

김경일 지음

포레스트북스

• 프롤로그 •

가난한 심리학자들이
왜 돈에 관해 연구할까?

　물론 모든 심리학자들이 가난하지는 않습니다. 하지만 저는 심리학자 중에 부자인 사람을 분명 본 적이 없습니다. 그런데 주제도 모르고 (저를 비롯해서) 심리학자들이 지금까지 인간에 대한 연구 도구로 가장 많이 활용한 것이 바로 돈입니다. 돈을 어떻게 사용하는지, 돈을 어떻게 지키는지, 돈을 어떻게 바라보는지 등등 심리학에서 돈을 사용해 인간의 마음을 들여다보고자 한 실험과 조사 그리고 논문들은 헤아릴 방법조차 없을 정도로 많죠. 저 역시 돈과 관련된 주제로 박사 학위를 받았을 정도니 말입니다. 심리학자들이 이토록 돈을 연구하는 목적은 하나입니다. 인간의 마음이 지닌 민낯을 돈이 그 무엇보다 잘 보여주기 때문이지요.

분명히 밝혀드릴 사실이 있습니다. 제가 이 책을 쓰게 된 이유는 여러분들에게 돈을 많이 벌게 해드리려는 것이 아니라는 점이죠. 죄송하지만 제게는 그럴 만한 능력 자체가 없습니다. 그 방법을 알고 있다면 이 책을 쓰기 전에 저 스스로 어마어마한 부자가 되어 있어야 할 테니까요. 그렇다면 저는 이 책을 왜 쓴 것일까요? 여러분이 돈 때문에 겪는 어려움과 고통을 줄여드리는 데 조금이나마 힘을 보태기 위해서입니다.

돈이 우리는 괴롭히는 방법은 단순한 가난, 즉 부족함 외에도 매우 다양합니다. 한마디로 교활하면서도 다채롭기 짝이 없는 놈이 바로 돈이라는 녀석이지요. 돈이 우리를 고통스럽게 만드는 경로는 말 그대로 수십, 수백 가지입니다. 만약 돈이 사물이 아니라 사람이라면 우리는 돈을 아마 '소시오패스'라고 불렀을 것입니다. 그런데 우리가 그런 사람을 아예 안 보고 살 방법은 없습니다. 도처에 있기 때문이지요. 직장 동료나 상사일 수도 있고 이웃, 심지어는 가족일 때도 있습니다. 그렇다고 그들에게 휘둘리면 우리의 삶은 철저하게 망가지고 말죠. 그래서 『이토록 친밀한 배신자』의 저자인 마사 스타우트Martha Stout 교수는 소시오패스를 대하는 최선은 방법은 아웃스마트outsmart해지는 것이라고 이야기합니다. 즉 최선을 다해 그들보다 똑똑해져야 한다는 것이죠.

돈도 결국 마찬가지입니다. 돈에 관해 잘 알아야만 우리는 이 교묘한 녀석을 부리고 통제하면서 살아갈 수 있습니다. 그렇지 않으면 끊임없이 조종당하고 착취당하게 되죠. 돈을 소시오패스와 단순히 동일시하는 게 아닙니다. 다만 상대방에 대해 제대로 알지 못하고 그저 착하고 열심히만 살아가면 노예로 전락해 망가진 삶을 산다는 것에 있어서 놀라우리만큼 동일하다는 뜻입니다. 그래서 우리는 돈에 관한 공부를 제대로 할 필요가 있습니다.

꽤 먼 과거로 한번 가볼까요? 사실 이 지구라는 행성에 존재하는 생명체 중에 오로지 인간만이 돈과 함께 살아갑니다. 그리고 수많은 연구자들이 인류사를 문자 전후로 나누는 것과 거의 마찬가지의 정도로 돈의 전후로 구분합니다. 그만큼 돈이 인류 역사에 있어서 가장 큰 전환점이라는 뜻이겠지요. 가끔 진화인류학적 지식에 저의 심리학적 상상을 더해 이런 추리를 해봅니다. '인간은 왜 돈이 필요했을까? 가장 온전하게 직립했기 때문이 아닐까?' 두 발, 즉 이족보행을 의미하는 직립은 사족보행하는 다른 동물에 비해 속도는 느리지만 훨씬 오래 걸을 수 있게 만들어주었고 유난히 호기심이 많은 인류라는 생명체는 지구 곳곳을 누비면서 삶의

터전을 확장해 나갔죠. 그리고 이런 상황은 사람들로 하여금 매우 이질적인 곳에서 각자의 삶을 살고, 또 매우 이질적인 종류의 먹을거리를 취하게 해주었습니다. 그 와중에 바퀴와 수레의 발명, 그리고 말과 같은 동물의 사육을 통해 다양한 이동 수단이 만들어지죠. 그래서 이제 그 다양한 각각의 장소에 사는 사람들이 어떤 의외의 장소에서 만나는 일도 가능해집니다. 각자 자신이 사는 곳에서 취한 것들을 가지고 말이지요. 그렇다면 결국 이런 일도 발생하지 않았을까요?

산에 사는 사람이 토끼 세 마리를 잡았습니다. 강가에 사는 사람은 물고기 다섯 마리를 잡았죠. 그리고 이 둘은 중간 어디선가 각자 자신이 잡은 것을 가지고 만났습니다. 산과 강에서 온 두 사람은 서로가 가진 것에 호기심을 보입니다. "저 사람이 가진 건 어떤 맛일까?" 서로의 물건을 바꾸기 위해 대화를 나눠보지만 두 사람은 혼란에 빠질 수밖에 없습니다. 토끼와 물고기의 가치를 어떻게 매길지 알 수 없으니까요. 그런데 돈은 이 고민의 상당 부분을 해결해 줄 수 있습니다. 각각의 가치를 동일한 척도상에서 표시할 수 있으니까요. 그래서 우리 인류는 언젠가부터 이 돈이라는 공통의 잣대를 통해 세상 수만 가지의 가치를 매기기 시작합니다. 얼마나 편리하고 효율적인가요? 세상 모든 것의 가치를 이토록 쉽게 환산할 수 있고 명확하게 비교할 수 있게 되었으니 말이죠.

그런데 우리가 살아가는 세상에는 꽤 일관적으로 적용되는 법칙이 하나 있습니다. 그것이 무엇이든 독점적인 위치를 가지고 통제하면 반드시 큰 부작용이 일어난다는 점이죠. 사람이 독재자가 되면 수많은 이들의 자유를 빼앗으며 기업이 독점적 위치를 차지하면 시장 질서가 무너집니다. 식물도 특정 종이 대부분의 면적을 차지하면 생태계 자체가 파괴됩니다. 우리는 돈을 통한 가치 환산이 선을 넘어버린 세상에 살고 있습니다. 성취와 성공의 정도도, 심지어 사람의 목숨까지도 돈을 통해 계산되고 있으니 말입니다. 그렇다고 돈이 필요 없고 조금도 소유할 필요가 없다는 무책임한 말을 하고 싶지는 않습니다. 칼로 사람을 해치는 일이 발생했다고 해서 세상의 모든 칼을 압수할 수는 없는 노릇이니까요. 다시 한번 말하지만 그래서 돈에 관해 알아야 합니다. 돈이라는 녀석의 속성과 우리의 마음, 그리고 행동을 말이죠.

우리가 돈 때문에 겪는 고통은 결국 두 가지입니다. 첫 번째는 결핍과 상실입니다. 지극히 상식적인 어려움이죠. 결핍의 고통은 또다시 두 가지 방법을 통해 해결됩니다. 채움과 승화입니다. 채움은 더 가지는 것이고 승화는 다른 것으로 대체하는 것입니다. 이 책은 그 둘 간의 아슬아슬하지만 꽤 진지한 균형을 시도해 보고자 합니다.

    두 번째는 더 크고 다루기 어려운 고통인데요. 바로 불안입니다. 돈과 관련된 불안은 불투명한 미래에 대한 것일 수도 있고 현재의 어리석은 내 모습에 관한 것일 수도 있습니다. 그래서 미래와 자신에 대한 생각에 더 지혜로워질 필요가 있습니다. 이로 인해 돈의 노예가 되기보다는 돈을 잘 이해하고 제대로 부리는 인생으로 방향을 바꿔나가야 합니다. 이것이 심리학자들이 돈을 통해 인간의 수많은 측면을 연구해 온 이유이기도 합니다. 돈에 관한 주목할 만한 기존 연구들, 그리고 직접 적용해 본 실제 사례들, 심지어 저 개인의 성공담과 더 많은 수의 실패담을 묶어 꽤나 당돌한 시도를 해보았으니 천천히 읽어나가면서 스스로에 대한 점검도 함께 해보시길 바라겠습니다. 마지막 한 가지! 이런 오지랖을 떨고 있는 제가 앞으로 수십 년 동안 돈과 함께 어떤 생을 살고 있는지도 매섭게 지켜봐 주십시오.

늦은 밤, 아주대 연구실에서
인지심리학자 김경일

• 차례 •

프롤로그 • 가난한 심리학자들이 왜 돈에 관해 연구할까? … 004

1부

심리학자, 일의 본질을 묻다

열심히 일하는데 왜 가난해질까?

01 작심삼일을 깨는 법 … 017
02 불안은 사실을, 분노는 진실을 … 023
03 자율성을 키우는 기회 … 027
04 스트레스와 에너지가 만나면 … 031
05 바쁜 사람은 결코 쉽게 만족하지 않는다 … 035
06 명문대생의 거짓말 … 038
07 심리적 동점 효과 … 042
08 부러워해야 이길 수 있다 … 046
09 작은 변화에 거세게 반발하는 이유 … 050
10 조삼모사, 의외로 맞는 말 … 054
11 올바른 주장이 아니라 올바른 말 … 058
12 실패 후에 재도전은 만회라는 프레임으로 … 062
13 성공은 기술하고 실패는 설명하라 … 065
14 똑게의 메커니즘 … 069
15 묻지 않는 부하의 입을 열게 하려면 … 075

16 사소함의 법칙 ⋯ 079
17 김칫국을 마셔야 하는 이유 ⋯ 083
18 중요한 결정은 오전에 하세요 ⋯ 086
19 진정성이 없으면 ⋯ 089
20 편을 가르고 사람을 따돌리는 의외의 이유 ⋯ 094
21 정직한 사람이 가장 욕심 많은 사람 ⋯ 098
22 성격은 바뀔 수 없지만 인품은 변한다 ⋯ 103
23 매파와 비둘기파의 싸움 ⋯ 107
24 날씨의 심리학 ⋯ 111
25 워라밸을 이야기하기 전에 ⋯ 115
26 회사 내 빌런을 없애려면 ⋯ 120
27 우연이 우연이 아닌 이유 ⋯ 124
28 브레인스토밍은 어떻게 무력화되는가 ⋯ 128
29 외롭고 잠이 안 온다면 이렇게 하세요 ⋯ 132
30 가을의 재발견 ⋯ 136

---- 2부 ----

심리학자, 부자의 조건을 배우다

돈을 대하는 태도가 부를 결정한다

31 얼마를 쓰시겠습니까? ⋯ 143

32 낭비의 심리학 ⋯ 147

33 소비는 쉽고 저축은 어렵다 ⋯ 150

34 Go? No-Go? ⋯ 155

35 가장 먼저 해야 하는 것과 가장 중요한 것 ⋯ 159

36 정의와 투명성 ⋯ 163

37 사자가 왕위를 물려주는 법 ⋯ 167

38 시간이라는 보너스 ⋯ 174

39 내 휴가를 방해하지 마세요 ⋯ 178

40 공정한 보상과 공정한 이익의 차이 ⋯ 181

41 불확실한 돈의 매력 ⋯ 185

42 협상의 기술 ⋯ 190

43 호구가 되지 않으려면 ⋯ 194

44 돈과 젊음의 함수관계 ⋯ 197

45 저축에도 전반전과 후반전이 있다 ⋯ 202

46 카지노와 백화점 ⋯ 206

47 사회가 만들어내는 WANT, 나만 알 수 있는 LIKE ⋯ 210

48 무엇을 채울 것인가 ··· 215
49 돈을 벌고 싶다면 불안부터 다독여라 ··· 219
50 느슨한 관계를 많이 만들어야 하는 이유 ··· 223
51 선택적 복지의 허구 ··· 227
52 소심한 사람은 정확하고 대범한 사람은 시작한다 ··· 231
53 합당한 금액입니까? ··· 236
54 이기라는 말과 지지 말라는 말 ··· 240
55 지금 100만 원 vs 한 달 뒤 100만 원 ··· 244
56 미루면 싸진다 ··· 248
57 보험왕이 되려면 ··· 252
58 실패 축하 파티 ··· 257
59 돈과 쿠폰의 결정적 차이 ··· 262
60 칫솔과 슈퍼카 ··· 266
61 다음에는 내가 로또 1등? ··· 270
62 미래의 큰돈에는 구체적 제목을 ··· 274
63 당신은 이 돈을 어떻게 벌었습니까? ··· 277
64 좋은 돈과 나쁜 돈 ··· 281

참고문헌 ··· 287

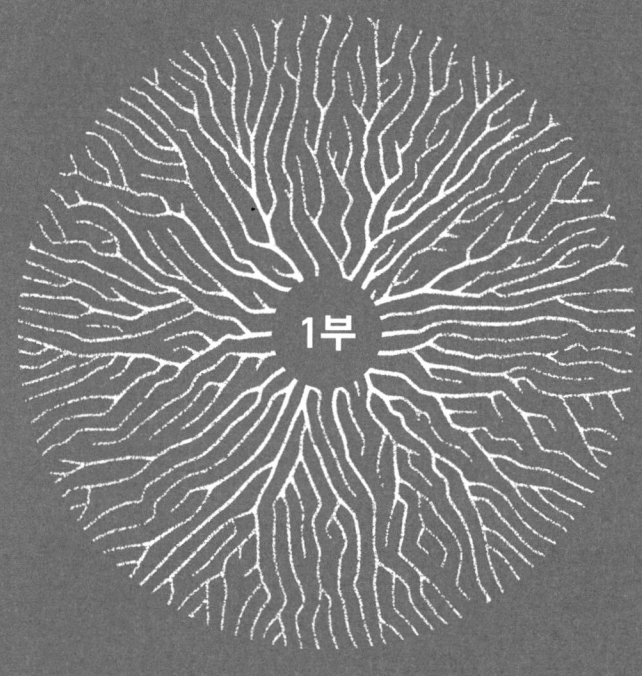

1부

심리학자, 일의 본질을 묻다

열심히 일하는데 왜 가난해질까?

Psychology Of Wealth

01

작심삼일을 깨는 법

'영어 단어 1000개 외우기'

'5킬로그램 감량'

'매일 아침 30분 달리기'

'한 달에 책 세 권 읽기'

어디서 많이 본 다짐들 아닌가요? 매년 새해가 되면 많은 분들이 야심 차게 이러한 계획을 세우지만 저를 포함해서 끝까지 달성하는 분은 거의 보지 못한 것 같습니다. 왜 우리가 세운 계획은 예상과 전혀 다르게 흘러갈까요? 다시 말해 왜 늘 예측을 빗나가는 걸까요? 여러분이 하고 계시는 고민들은 당연히 심리학자인 저에게도 주요한 관심사이자 과제일 수밖에 없습니다. 지금부터 우리의 계획이 항상 어긋나는 이유에 대해 알아볼까요?

심리학자들은 이러한 현상을 '계획 오류planning fallacy'라고 부릅니다. '언제까지 무엇을 얼마만큼 할 수 있는가'에 대한 예측이 틀리는 경우들을 통칭하는 단어인데 좀 더 구체적으로 설명하자면 실제로 그만큼의 달성이 어려운데도 "할 수 있을 것 같다"는 낙관적 기대에 의해 시작했다가 나중에 낭패를 보는 모든 경우들을 일컫는 말이죠.

이런 경험을 해보지 않은 사람이라면 딱 둘 중 하나일 것입니다. 신이거나 어떤 계획도 세워보지 않은 사람이거나.

계획 오류는 대부분 이렇게 흘러갑니다. 목표 시점이 가까워지면서 그제야 시간과 자원이 부족하다는 것을 깨닫고 많은 일을 허둥지둥 동시에 하는 혼란스러운 상태가 나타나는 거죠. 이런 상황에 도달하게 되면 당연히 성공적으로 무언가를 해내는 것은 불가능해지고 일의 성과도 예측과는 달리 저조하게 됩니다. 직무 만족도도 떨어지고 그로 인해 다음 일에도 의욕이 떨어지죠. 이러한 오류는 정부, 기업, 심지어는 친목단체 등 인간이 있는 곳이라면 어디든 존재하며 그 낭패의 후유증으로 구성원들 간의 다양한 갈등을 초래하기도 합니다. 즉 계획 오류가 반복되면 그 부작용은 계획된 일의 실패에만 그치지 않고 폐해가 확산된다는 뜻이지요. 그렇다면 우리는 왜 이렇게 낙관적 예측에 따른 실패를 맛보게 될까요?

가장 흔하면서도 중요한 이유가 있습니다. 바로 그 일을 완성할 수 있는 데까지 걸리는 시간과 목표를 하나로 묶어서 보기 때문이죠. 예를 들어 저녁에 있을 집들이를 준비하는 새내기 주부가 있다고 해봅시다. '저녁 전까지 식사 준비를 마치자'라고만 마음먹으면 어떤 일이 일어날까요? 시간의 잣대도 하나(오늘 하루)고 목표도 하나(집들이 마치기)가 되겠죠. 목표가 하나밖에 없으니 자연스레 '그거 하나를 오늘 안에 못하겠어?'라는 낙관적 생각이 들게 마련입니다. 게다가 그 최종목표를 위해 해야 할 세부적인 일들(국, 다양한 반찬들, 밥, 후식으로 내놓을 과일, 심지어 거실과 화장실 청소 등)이 모두 하나의 잣대와 목표로 들어가고 일의 경중이나 우선순위, 더 나아가 개별적인 일들을 처리하는 데 시간이 얼마나 걸리는지에 대한 안목을 가질 수 없게 되죠.

반면 재치 있는 주부라면 일을 시작하기 전에 무언가 간단하지만 큰 결과의 차이를 만들어내는 작업을 먼저 준비합니다. 종이 한 장을 꺼내 놓고 오늘 할 일들을 적어내려 가는 것이죠. 그렇게 써 내려가면서 일의 순서를 바꾸기도 하고 연관성 있는 일들을 서로 이어 붙이기도 합니다. 이런 경우 하나의 시간 잣대와 목표는 여러 개의 시간 구간과 세부 목표들로 구성됩니다. 실제로 이런 과정을 거치면 여러 가지 일들을 동시에 하면서도 꼬임 없이 차근차근 해나갈 수 있죠.

자, 그렇다면 여기서 오해가 하나 풀리게 됩니다. 우리는 흔히 개인이든 조직이든 시간이 없기 때문에 여러 가지 일을 한 번에 하려는 것이라고 생각합니다. 하지만 실제로 그 과정을 살펴보면 그 혼란스러움 역시 낙관적 기대에 의한 계획 오류의 결과라고 봐야 합니다. 따라서 이 지경에 이르렀을 때 주위에서 '조급한 마음을 버리고 여유를 가지라'는 조언을 해본들 도움이 되지 않습니다. 그렇다면 어떻게 해야 할까요? 답은 이미 앞에 나와 있습니다. 하나의 일을 무조건 여러 개로 쪼개야 합니다. 그리고 그 쪼개진 일들을 더 작게 다시 쪼개야 하죠.

이러한 작업을 심리학에서는 보따리를 푼다는 것에 비유해 '언패킹unpacking'이라고 부릅니다. 패킹Packing이 보따리를 싸는 것이니 un이 붙으면 풀어내는 것을 뜻하겠죠. 그런데 보따리를 푸는 일을 가장 쉽게 해주는 도구가 있습니다. 바로 '시간'을 정해놓는 건데요. 예를 들어, '오늘 내로'와 'OO시까지'는 심리학적으로 완전히 다른 종류의 데드라인입니다. '오늘 내로'는 엄밀히 말하자면 데드라인이라고 볼 수 없습니다. 거시적인 최종 상태일 뿐이죠. 그런데 'OO시까지'는 다릅니다. '오후 6시까지 그 일을 마친다'라고 생각하면 자연스럽게 그 전인 오후 4시까지 그 일의 하위 목표 하나를 마쳐야 합니다. 그리고 오후 2시 전에 더 작은 목표를 마쳐야겠죠. 당연히 일들을 언패킹하기 쉬워집니다. 게다가 이렇게 일을 쪼개고 집중하는 과정에서 성취감 역시 더 크게 느낄 수 있습니다. 오늘 해야 할 일의 제목 하나만 덩그러니 가지고 있으면 오늘의 결과는 0점인 실패 아니면 만점인 성공일 수밖에 없습니다. 그런데 아마 실패의 날들이 훨씬 많을 것입니다. 하지만 그 제목을 다시금 명확한 데드라인에 힘입어 열 개로 쪼개어 놓으면 나의 오늘 하루에 대한 점수는 100점 만점에 70점, 80점, 혹은 90점도 부여할 수 있게 됩니다. 그리고 나머지 점수는 재빨리 다음 날 획득하면 되겠죠. 그러니 성취감과 일의 연계성 역시 덤으로 가져올 수 있습니다.

하버드 대학의 다니엘 길버트Dianel Gilbert 교수와 버지니아 대학의 디토시 윌슨Timothy Wilson 교수는 배고플 때 더 많이 물건을 사는 사람들의 심리를 연구한 적이 있는데요. 실제로 동서양을 막론하고 사람들은 배가 고프면 쇼핑하면서 음식과 상관없는 물건들도 카트에 마구 담는 경향을 보였습니다. 그런데 재미있는 것은 사람들로 하여금 쇼핑센터에 들어가기 전에 오늘 살 물건을 적은 뒤 그 종이를 들고 입장하게 하면 이런 현상이 말끔히 사라진다는 것입니다. 이것은 무엇을 의미할까요? 맞아요. 만만해 보이는 일일수록 더더욱 계획이 필요하다는 사실입니다.

구체적이지 않은 것은 계획이 아닙니다. 목표일 뿐이죠. '목표를 만들어놓고 계획이라 착각하지 말라'는 이 한 문장만 책상 위에 붙여놓아도 계획 오류의 대부분은 막아낼 수 있습니다.

불안은 사실을,
분노는 진실을

"언젠가부터 이유 없이 화를 참을 수가 없어요."

"이 회사를 계속 다녀도 좋을지 불안해요. 제 삶이 어디로 흘러가는지 모르겠어요."

최근 들어 불안과 분노에 대한 조언을 해달라는 의뢰가 부쩍 늘었습니다. 이럴 때 제가 하는 대답은 한결같은데요.

"사람들이 불안해하면 최대한 구체적인 사실을 충실히 알려주십시오. 그런데 사람들이 화를 내고 있다면 간결하더라도 가장 깊은 진실을 말씀하십시오."

이게 무슨 뜻일까요? 불안은 '사실'을 알려달라는 감정이고,

분노는 '진실'을 말하라는 감정입니다. 그렇기 때문에 불안할 때 사실을 제때 알려주지 않거나 분노할 때 진실을 은폐하면 사태는 걷잡을 수 없이 악화되는 경우가 다반사죠. 그렇다면 사실과 진실에는 어떤 차이가 있을까요? 사실事實은 '실제로 있었던 일이나 현재에 있는 일'입니다. 그래서 사실과 관련된 말이나 글은 "위 사진은 특정 사실과 관련 없다"라거나 "어제 있었던 일들을 사실대로 말하라"는 식의 표현을 동반하게 됩니다.

　진실은 좀 다릅니다. 진실眞實은 '거짓이 없는 사실'을 의미합니다. 그래서 진실은 '감춘다' 혹은 '밝힌다' 등과 같이 보다 더 드러냄을 의미하는 동사적 표현과 결부시켜 주로 사용하죠. 그래서 종종 사실과 진실 사이에서는 괴리가 생깁니다. 만약 어떤 사람이 빵을 훔쳤다는 사실 뒤에 보육원에서 굶고 있는 아이들을 위한 행동이었다는 진실을 알게 되면 종종 사실에 의한 처벌과 진실을 고려한 참작 사이에서 갈등하듯이 말이죠.

　그래서 우리가 사실과 진실 둘 중 무엇에 초점을 맞추느냐에 따라 현재 처한 상황의 해석과 이후의 행동 역시 크게 달라집니다. 예를 들어 '사실에 충실하다'는 표현을 쓸 때는 지금 일어나고 있는 일들을 최대한 자세히 알 수 있음을 의미합니다. 일반적으로 '정보'라는 기능이 이 범주에 들어가며 따라서 양적인 측면이 강하죠. 반면에 '진실을 밝힌다'는 식의 표현은 지금 일어나는 다양한 사실들의 근본적인 이유를 알아간다는 의미입니다. 그래서 '원인'이라는 용어로 주로 표현되며 질적인 측면에 가깝고 따라서 상대적으로 더 간결합니다. 그런데 이 정보와 원인, 즉 사실과 진실은 인간의 두 종류의 감정인 불안과 분노로 인해 발생한다는 사실을 아시나요?

사람들이 불안을 느낄 때는 언제인가요? 불확실한 상황일 것입니다. 사형수가 사형 날짜를 모르면 극도로 불안해합니다. 그런데 자신이 사형 당할 날짜를 미리 알고 있으면 불안해하는 대신 두려워하거나 곧 끝나버릴 자신의 삶을 슬퍼합니다. 공포영화를 볼 때 귀신이 나오기 전 화면 위쪽에서 카운트다운이 된다면 과연 무서워할 사람이 있을까요? 즉 불안은 예측 불가능성 때문에 증폭되는 것이며 따라서 나쁜 결과라도 일정 수준 이상 예측이 가능해지면 상당히 완화됩니다. 따라서 상황이 불안하면 사람들은 어쭙잖은 위로나 격려보다 정확한 사실을 요구하게 됩니다.

반면 분노는 완전히 다릅니다. 현재의 사실을 알려줘도 진짜 원인이 은폐되었다고 생각되면 대부분의 사람들은 분노하게 되죠. 우리나라 현대사만 되돌아봐도 이런 일은 상당히 많았습니다. 사람들이 분노하고 있을 때 아무리 명확한 인과관계를 제시해도 사람들은 이렇게 말하죠. "그런 거 필요 없고 진짜 이유를 말하시오." 그러고는 광장으로 뛰어나옵니다.

만약 불안과 분노에 대한 대처를 거꾸로 하면 어떻게 되겠습니까? 사실적 정보가 필요할 때 섣부른 진실을 캐겠다고 나서면 엉뚱한 곳에 분노의 화살이 겨눠지겠죠. 당연히 그 집단과 사회의 에너지는 불필요하게 소모될 것이고 긴급한 사안에 대한 대처 능력은 약화될 것입니다. 반대로 진실을 알아야 할 때 '잘 넘어갔으니 그만이다'라고 안일하게 대처하면 사람들의 분노는 더욱 커질 것입니다.

인간은 자신의 감정에 따라 사고하고 행동합니다. 사람들이 불안해하면 사실에 충실할 수 있어야 하고 분노할 때는 진실에 직면할 줄 아는 용기와 동력을 발휘해야 합니다. 거꾸로 하면 정말 큰일납니다.

자율성을 키우는 기회

 코로나 팬데믹 이후 일상에 깊숙이 자리 잡은 변화가 있습니다. 바로 재택근무죠. 코로나 팬데믹 직후 재택근무에 대한 사람들의 인식은 그다지 좋지 않았습니다. "회사 돈 받으면서 집에서 놀고먹는 거 아냐?"라고 생각했던 탓이죠. 하지만 이렇게 느슨한 상황에서 키울 수 있는 장점도 있는데요. 바로 자율성입니다. 자율성은 21세기의 모든 조직이 지향하고 있는 역량이라고 말할 수 있는데요. 대체 자율성은 왜 중요할까요?

 현대 사회는 점점 더 예측하기 어려운 돌발 변수들이 증가하고 있습니다. 그런데 자율성이 높은 조직은 강한 적응력과 탄력성으로 평상시보다 위기에 더 힘을 발휘할 수 있습니다. 사실 자율적 조직은 평상시에는 다소 느슨해 보일 때가 많습니다. 하지만 변수를 만났을 때는 조직의 리더나 지도부조차도 전혀 그리지 못했던 협동을 매우 능동적으로 만들어내는 힘을 지니고 있죠.

이를 여실히 보여주는 예가 바로 2차 대전 당시의 미군입니다. 상대적으로 군기가 강했던 일본군과 독일군은 평상시 매우 절도 있고 긴밀하게 움직였습니다. 직속상관의 명령에 절대 복종했다는 뜻이니 지휘관의 입장에서 보면 흡족한 군대였겠죠. 하지만 여기에는 중요한 함정이 하나 있습니다. 옆 부대나 다른 일을 하는 동료들과의 소통이 부족하다는 것인데요. 수직적 위계질서가 강조되는 분위기였으니 어찌 보면 당연한 결과라고 할 수 있죠.

반면 보이스카우트 소년들이라는 비아냥의 대상이 되곤 했던 이른바 '군기 빠진' 미군은 돌발변수가 발생했을 때 훨씬 더 강한 대응력을 보였습니다. 2차 대전 기간 중 독일군과 일본군의 가장 큰 고민거리가 무엇인 줄 아시나요? 바로 병과와 병종 간의 협동이 좀처럼 이루어지지 않았다는 사실입니다. 해군이 한 일을 육군이 모르고 보병이 하는 일을 기갑부대는 나 몰라라 하는 일이 비일비재하게 발생했기 때문인데요. 심지어 이런 일도 있었습니다. 미드웨이 해전에서 일본 해군이 완패한 사실을 일본 육군은 몇 달이 지날 때까지도 모르고 있었다는 거죠. 독일 공군과 육군은 하도 싸워대서 히틀러가 늘 골머리를 앓았다는 이야기도 있습니다. 하지만 미군은 그렇지 않았죠. 상륙 작전 중 해병대나 보병이 적탄에 쓰러지면 의무병도 아닌 공병들까지 나서서 부상병들을 구출했습니다. 공병이 적탄에 쓰러지면 보병들이 잠시 소총을 놓고 가교나 부교를 놓는 일에 협조했죠. 지휘관이 전사하면 재빠르게 다른 부대 상급자의 지시에 따랐습니다. 자기 직속 지휘관만 쳐다보고 그로부터만 명령을 받아 철저히 수행하는 이른바 수직적 경직성이 평소에 덜했기에 유사시 옆 조직의 군인들과 순간적인 협동이 가능했던 것입니다.

이를 재택근무와 연결하면 매우 흥미로운 발상의 전환이 가능해집니다. 어떻게든 가까운 관계에 있는 상관으로부터 사람들을 물리적으로 일정 수준 떨어뜨려 놓는 것이 재택근무인데요. 따라서 이전과 같은 컨택트 상황에서는 엄두를 내지 못했던 다른 부서나 팀과의 소통이 훨씬 더 자유로워질 수 있다는 것이지요. 그리고 이렇게 기존의 위계가 느슨해진 상황에서는 '인지적 유연성 cognitive flexibility'을 향상시킬 수 있습니다. 인지적 유연성이란 어떤 일의 처리 방식을 기존과 다른 형태로 해보는 자발적 전환성을 의미하는데요. 인지적 유연성이 떨어지는 조직과 구성원들은 기존의 관행대로만 일하려고 하며 약간의 변화에도 강하게 저항하거나 자포자기하는 경향이 높습니다. 그러니 결론은 명확하겠죠. 코로나 이전에 일상적으로 했던 회의, 교육 혹은 업무 지시를 단순히 온라인으로 한다는 수동적인 생각에서 벗어나 예전에는 엄두를 내지 못했던 과감한 연결성과 협조를 강화하는 발판으로 삼으려는 역발상이 필요하다는 뜻입니다.

실제로 꽤 많은 기업에서 온라인으로 업무와 회의를 하게 되면서 물리적으로 떨어져 있었던 조직 내의 다른 구성원들을 훨씬 더 쉽게 만날 수 있는 장점이 있다는 소식이 들려오고 있습니다. 그리고 그 결과가 자율적 개인과 조직으로 가기 위한 핵심 역량의 상승임은 두말할 필요가 없겠죠.

저라고 예외가 아닙니다. 이미 여러 차례 온라인으로 해외의 다른 교수들 강의에 초대됐고 거리낌 없이 국내 회의에 그들을 부르고 있습니다. 그 결과 기존에는 전혀 생각해 보지 못했던 연구 주제들이 계속해서 잡히고 있고요. 기술상으로는 얼마든지 가능했겠지만 코로나 이전에는 동아시아의 끝에 위치한 한국의 학자가 안방에서 할 수 있을 거라고는 예상하기 쉽지 않았던 일이었죠.

04

스트레스와
에너지가 만나면

나쁜 사람은 조직에 들어와서도 무언가 나쁜 일을 합니다. 뭔가 맥이 빠지는 이야기 같지만 당연한 사실입니다. 그리고 이런 경우에는 당연히 나쁜 짓을 한 당사자에게 화살이 가야 합니다. 하지만 멀쩡한 사람도 나쁜 짓을 하게 만드는 경우가 있다면 그것은 그런 여건을 만든 주위 사람들의 잘못이 큽니다. 특히 그 잘못이라는 게 조직이 관리를 잘못해서 나타난 일이라면 더더욱 그러할 테죠. 게다가 이런 일이 비윤리적 행위로 발생한 경우 조직과 구성원들이 입는 피해는 상상을 초월합니다.

비윤리적 범죄의 정확한 이유를 알아내려는 연구들은 꽤 많았지만 그런 시도와 노력들의 대부분은 도대체 '어떤 사람들'이 그런 부정을 저지르는가에만 초점이 맞추어져 있었습니다. 즉 사람 요인에만 관심을 기울였다는 뜻이죠. 이렇게 치우친 생각은 조직이 문제를 일으킬 사람들을 선별하거나 사전에 차단하는 방법에만 골몰하게 만들었죠. 하지만 최근의 연구를 보면 비윤리적 행동의 원인이 사람에게만 있는 것이 아니라 환경에도 있다는 것이 밝혀졌는데요. 조직이 상황을 제대로 조정하지 못하면 의외의 사람들로 하여금 부정을 저지르게 만들 수 있다는 뜻입니다. 의외의 사람들이 누구냐 하면 바로 에너지 넘치고 적극적인 사람들입니다. 이 당황스럽지만 중요한 사실을 텍사스 대학의 심리학자 로버트 조셉스Robert A. Josephs 교수의 연구를 통해 우리는 확인할 수 있습니다.

조셉스 교수 연구진은 최근 매우 흥미로운 결과들을 관찰했는데 요약하면 다음과 같습니다.[1] 모든 행동에는 에너지가 필요합니다. 심한 우울증에 빠진 사람이 아무것에도 관심을 두지 않고 무기력하게 살아가는 것 역시 같은 맥락일 테죠. 그런데 우울 상태에 빠져 있다가 어느 정도 회복되는 지점에서 극단적 선택을 하는 일이 종종 벌어진다는 것입니다. 바닥을 친 에너지가 조금씩 생겨나면서 안 좋은 행동을 실행에 옮기게 되는 거죠. 이때 행동을 만들어내는 에너지와 관련 있는 대표적인 호르몬 중에 하나가 테스토스테론입니다. 테스토스테론은 일반적으로 성욕이나 공격성과 연관이 있는 것으로 알려져 있는데요. 비윤리적이거나 부정한 행동을 하는 사람들의 테스토스테론 수치가 높다는 것은 이미 꽤 많은 연구들을 통해서 밝혀져 왔습니다. 하지만 최근 들어 보다 세밀한 후속 연구에 의해 단순히 테스토스테론 수치가 높다고 그런 나쁜 일을 하는 것이 아니며 여기에는 다른 호르몬이 결부되어야만 한다는 사실이 밝혀지는데요. 바로 스트레스 호르몬이라 불리는 코르티솔입니다.

과거에는 연구자들이 비윤리적인 행동을 할 때 높은 테스토스테론 수준과 낮은 코르티솔 수준이 결합되는 것으로 추정했습니다. 다시 말해 부정한 행동을 하고 싶은 욕구는 불편함, 즉 스트레스가 없는 상태에서 저질러진다고 가정한 거죠. 하지만 최근의 연구 결과들은 그 가정이 틀렸다는 것을 말해줍니다. 테스토스테론과 코르티솔 수준이 모두 높은 상태에서 부정행위가 급등하는 것을 확인했기 때문이죠.

이것이 의미하는 바는 이렇습니다. 많은 조직이 활력 있고 적극적인 인재들을 원합니다. 한마디로 에너지가 넘치는 사람들 말이죠. 일을 할 때 때론 공격적인 자세가 필요하다고 강조하기도 합니다. 그리고 이러한 적극성 자체는 두말할 필요 없이 긍정적 요인에 해당할 것입니다. 하지만 이런 적극성이 높은 스트레스 수준을 만나면 가장 나쁜 결과를 초래할 수도 있다는 것인데요. 가장 나쁜 짓을 하는 사람이 원래는 가장 바람직하며 활력 넘치던 일꾼이었을 수 있다는 이 사실은 우리로 하여금 많은 것을 느끼게 합니다. 감당할 수 없는 스트레스를 부여하게 되면 이들이 가장 먼저 그릇된 행동을 그것도 강하게 할 수 있으니 말입니다. 일과 여유 사이에 반드시 균형이 필요한 이유입니다.

바쁜 사람은 결코 쉽게
만족하지 않는다

최근 MZ 세대 사이에서 도파민이라는 말이 자주 쓰이는 것 같습니다. 재미있는 유튜브 영상을 보아도 '도파민 터진다'라고 표현할 정도니까요. 정보의 양이 많아졌기 때문에 우리는 더욱 자극적인 것을 찾아 헤맬 수밖에 없습니다. 그런데 여기에는 한 가지 이유가 더 있는데요. 바로 바쁘기 때문입니다.

'바쁘다'는 일할 때 많이 쓰는 말입니다. 즉 여러 가지 일을 짧은 시간 내에 해야 할 때 우리는 바쁘다고 말합니다. 그런데 참으로 재미있는 건 바쁜 사람이나 바쁜 조직일수록 자극적인 것을 원하며 지루하거나 평범한 자극을 받게 되면 불만족스러워한다는 사실입니다. 다시 말해 욕심꾸러기가 된다는 뜻인데 왜 그럴까요? 그리고 이것이 의미하는 바는 무엇일까요?

먼저 바쁜 사람이 더 자극적인 것을 받아야 만족한다는 사실을 잘 밝혀주고 있는 재미있는 연구 하나를 살펴봅시다. 네덜란드 심리학자인 르네 반더 발Reine C. van der Wal 박사와 로테 반 딜렌Lotte van Dillen 교수가 그 주인공들인데요. 두 사람이 주목한 점은 '주의'입니다. 맞습니다. 주의 집중력 할 때 그 주의.

주의란 '어떤 한 대상이나 일에 관심을 집중하여 기울임'을 의미합니다. 사람들은 바빠질수록 주의가 분산되고 따라서 어느 하나에 집중하기 힘들어집니다. 그리고 집중이 어려워진다는 것은 평상시보다 더 크고 자극적인 대상이 있어야만 보고 들을 수 있다는 뜻이 됩니다. 이는 실험 결과 정확히 사실로 밝혀졌는데요.

예를 들어, 정신없이 일하는 상황에서는 일반적인 경우보다 더 강한 맛을 지닌 음료를 마셔야만 평상시와 비슷한 정도로 느낄 수 있습니다. 평상시와 같은 맛을 가진 음료로는 '왜 이렇게 싱겁지?'라고 느끼며 만족감이 떨어진다는 거예요. 물론 이러한 현상은 미각에만 국한되는 것이 결코 아닙니다. 섭취하는 음식의 양에서부터 특정한 맛의 강도 그리고 심지어는 금전적 보상에 이르기까지 사람들은 바쁜 상황에서 더 자극적이며 많은 양을 받아들여야만 평상시와 유사한 수준의 만족과 느낌을 가질 수 있다는 거죠.

이런 현상이 발생하는 이유 역시 주의로 설명할 수 있습니다. 우리가 무언가에 만족하고 있다는 것은 그것에 집중하고 있기 때문일 텐데요. 생각해 보세요. 맛있는 음식을 먹을 때 우리는 그 맛에 집중하기 위해 눈을 감기도 하지 않나요? 그러니 주의가 분산되는 상황에서는 그것이 무엇이든 집중력도 떨어질 수밖에 없습니다. 그 결과 같은 것을 받아도 만족의 양과 질이 떨어지기 십상이죠.

이를 조직에 대입해 보면 중요한 통찰을 얻을 수 있습니다. 조직의 구성원들이 보다 크고 자극적인 보상을 원하고 있다면 우리 조직 구성원들이 필요 이상으로 바쁘지 않은지를 되돌아볼 필요가 있다는 거죠. 이런 경우 아무리 좋은 인센티브를 제공해도 그들의 만족도는 떨어질 수밖에 없습니다.

그렇다면 이렇게 뒤집어 생각해 보는 것도 가능하겠네요. 인센티브든 선물이든 내가 상대에게 무언가를 주려고 한다면, 그들로 하여금 잠시 한숨을 돌릴 수 있는 여유를 먼저 주는 거죠. 그렇게 된다면 우리가 주려고 하는 것에 훨씬 더 집중할 수 있지 않을까요? 기억하세요. 바쁜 사람은 결코 쉽게 감사하지 않습니다.

06

명문대생의 거짓말

1957년 스탠퍼드 대학의 심리학자 레온 페스팅거(Leon Festinger) 교수는 학생들에게 실패에 실을 감는 것과 같이 따분하기 짝이 없는 일을 그것도 꽤 오랜 시간 동안 하게 했습니다. 이 지루한 일을 모두 끝낸 뒤 하품을 하며 나가려는 학생들에게 연구진은 한 가지 부탁을 하는데요. 밖에서 다음 순서를 기다리고 있는 친구들에게 거짓말을 해달라는 거였죠. 그 거짓말이란 자신이 방 안에서 한 일이 꽤 재미있었다고 말하는 것이었습니다. 그런데 여기서 페스팅거 교수의 절묘한 아이디어가 발휘되는데요. 절반에 해당하는 학생들에게는 그 거짓말의 대가로 20달러를, 나머지 절반에게는 고작 1달러를 준 것이죠.

며칠이 지난 후 페스팅거 교수는 실험에 참가했던 학생들에게 자기가 한 일이 얼마나 재미있었는가를 물었습니다. 20달러를 받고 거짓말을 했던 학생들의 반응은 단호했습니다. "그런 재미없는 일을 할 줄은 꿈에도 몰랐어요. 정말 지루하더라고요!" 그런데 1달러를 받고 거짓말을 했던 학생들의 반응은 전혀 달랐습니다. 꽤 많은 학생이 '그럭저럭 재미있는 편이었다'라고 반응했을 뿐만 아니라 상당수 학생이 "그 실험에 다시 참가하겠느냐"는 질문에 "그렇다"라고 대답한 것이죠.

왜 이런 극명한 차이가 나타난 것일까요? 왜 훨씬 더 적은 돈을 받고 거짓말을 한 학생들이 자기의 태도를 바꿔버린 것일까요?

답은 간단합니다. 이 학생들은 명문 스탠퍼드 재학생으로서 단돈 1달러에 거짓말을 한 사람이 되기 싫었던 것이죠. 이미 일어난 자신의 행동(거짓말)을 바꿀 수 없으니 자기의 태도를 바꾼 것입니다. 이러한 일련의 사후 태도 변화 현상을 심리학에서는 '인지부조화Cogntive dissonance'라고 부릅니다. 인지부조화는 '개인의 신념, 태도, 행동 간의 불일치 혹은 부조화 상태가 발생하면 불편감이 생기게 되고, 이를 해소하기 위해 기존의 태도나 행동을 바꾸는 것'으로 정의됩니다. 그런데 이 인지부조화를 통해 상상 이상으로 많은 우리 사회의 측면을 설명하고 예측하는 것이 가능한데요. 그 핵심 중 하나가 '큰 보상으로는 오히려 그 일에 대한 동기를 부여하기 힘들어진다'라는 매우 역설적인 사실입니다. 이는 긍정적이고 생산적인 일에서부터 끔찍한 범죄에 이르기까지 거의 모든 영역에 걸쳐 관찰되는 사실이죠.

심리학자인 저는 종종 사회 고발 혹은 수사 프로그램의 자문으로 활동하고 있습니다. 그런데 프로그램 제작진이 저에게 보여준 잔인한 청부살인에서조차도 인지부조화 현상을 찾아볼 수 있었습니다. 우리는 흔히 다른 사람의 부탁을 받고 사람을 죽이는 청부살인의 대가는 엄청날 것이라고 생각합니다. 하지만 놀랍게도 수사진마저 당황해할 만큼 적은 금액으로 살인을 저지르는 경우가 너무나도 많습니다. 더욱 놀라운 것은 적은 돈을 받고 살인을 청부받은 경우가 그렇지 않은 경우보다 피해자에 대한 공격심과 살의가 더욱 컸다는 점이죠. 적은 돈으로 살인을 계획할 때 피해자에 대한 더 큰 적개심을 보임으로써 자신의 행동을 정당화하려고 했기 때문입니다.

어떤 결과나 행동을 유도하기 위해 별다른 생각 없이 큰돈으로 보상을 하는 것은 상당히 위험한 발상입니다. 본질적 동기를 잃어버리게 만들 수도 있으니 말입니다. 그렇다면 "큰일을 해낸 사람에게 큰 보상을 하지 말라는 이야기냐?"라는 반문이 당연히 가능할 텐데요. 그런 뜻이 아닙니다. 한 종류의 큰 보상만 고집하지 말라는 것이죠. 결과에 도달하는 여러 과정마다 적절한 보상을 해주면 큰 결과를 만들어내기 위한 작은 걸음 하나하나에도 동기를 부여할 수 있게 됩니다. 또 성취의 주인공에게 자신을 기꺼이 도운 조직 내의 사람들에게 무언가를 나누어줄 수 있는 이른바 '분배의 기회'를 주는 것도 효과적인데요. 이때 주위 사람들에게 어떻게 보상을 분배해 주는가를 관찰하면서 그 사람이 앞으로 조력과 협업을 이끌어낼 수 있는지 확인할 수 있다는 장점도 있습니다. 보상에도 지혜로운 고민이 필요할 때입니다.

07

심리적 동점 효과

치열한 경쟁 사회에서 쫓기는 자와 쫓는 자 중 누가 마음이 더 편할까요? 아니, 질문을 바꿔보겠습니다. 어떤 사람이 더 잘할까요? 아마 쫓기는 사람이 더 힘들고 실수도 많이 할 거라고 생각하실 것입니다. 하지만 실제 데이터를 분석해 보면 똑같습니다. 양쪽 다 힘들고 실수를 하죠. 이와는 반대로 평소의 자기 기량 이상을 발휘하는 경우가 생기는데요. 바로 동점 상태에 있을 때입니다.

제 미국 유학 시절 대학원 후배이기도 한 텍사스 A&M 대학 심리학과 다렐 워티Darrel A. Worthy 교수는 대학원생 시절 기발한 아이디어를 생각해 냈는데요. 2003년부터 2006년까지 미국 프로농구_NBA_의 모든 경기 중 점수 차가 1점 이내고 경기 종료까지 1분이 남지 않은 상황에서 선수들이 시도한 모든 자유투의 성공률을 분석한 것입니다.[2] 그 결과 자신의 팀이 1점을 이기고 있을 때나 지고 있을 때 모두, 선수들은 자신의 시즌 평균에 훨씬 못 미치는 자유투 성공률을 보였습니다. 즉, 평소 기량을 발휘하지 못했다는 이야기죠.

하지만 동점인 상황을 분석하면 결과는 전혀 달라집니다. 이때는 선수들이 자신의 시즌 평균보다 오히려 더 높은 자유투 성공률을 기록했습니다. 다시 말하자면 숨 막히는 접전 상황에서 평소보다 더 못할 때는 긴박하게 쫓거나 쫓기고 있을 때라는 것입니다. 축구의 승부차기에서 먼저 차는 쪽이 더 많이 이기는 이유도 비슷한데요. 동점에서 시작하기 때문에 기량을 제대로 발휘하지 못할 확률이 줄어들었다는 뜻이죠. 그런데 왜 이런 결과가 도출된 것일까요?

따라잡아야 한다는 강박과 따라잡히면 안 된다는 불안 모두 무언가를 성취해야 하는 것과는 맞아떨어지지 않는 마음가짐이라는 것입니다. 특히나 개인이나 조직이 해야 할 일이 '득점'과도 같은 성취를 보여야 할 때는 더더욱 그렇습니다. 그렇다면 쫓고 쫓기는 상황이라고 인식된 상황에서 사람들이 무슨 생각을 하기에 이런 현상이 발생하는 것일까요? 앞으로 나아가 이기겠다는 마음보다는 잡히거나 잡지 못해 지면 안 된다는 압박감을 받고 있기 때문입니다. 굳이 설명하지 않아도 이 두 마음 사이에는 커다란 차이가 있다는 걸 아실 수 있을 거예요.

물론 개인과 조직 모두에게 있어서 경쟁은 피할 수 없습니다. 따라서 경쟁이 치열해질수록 심리적 동점 효과를 지혜롭게 사용할 수 있어야 합니다. 경쟁의 상황에서 지나치게 '쫓지 못하면 안 된다'거나 '추월당하지 말자'는 식의 압박감을 더하는 것은 중요한 순간에 제 기량을 발휘하지 못하게 만드는 위험 요소가 되기 때문이죠.

그렇다면 심리적 동점 상황을 만들 수 있는 가장 중요한 말은 무엇일까요? 라이벌이나 호적수로 인지할 수 있게 하는 말입니다. 만일 "A사는 더 이상 우리 회사의 상대가 되지 않습니다"거나 "우리는 기필코 B사를 따라잡고 말 겁니다"라는 선도자 혹은 추격자로서의 말들을 결정적인 순간에 반복하게 되면 자기 역량을 발휘하지 못하게 할 가능성이 큽니다. 상대방을 나보다 더 낫거나 못하다고 판단하는 순간 쫓거나 쫓기는 관계를 스스로 만들어버리기 때문이죠. 이보다는 결정적 순간에 "이번 분기 시장점유율 1

위는 우리와 C사 중 한 곳이 차지하게 될 겁니다"처럼 상대방을 라이벌이나 호적수로 만들어 심리적 동점 상황을 만들어내는 재치를 발휘해 보시길 바랍니다. 우리의 예상보다 뛰어난 결과를 만들어낼 테니까요.

08

부러워해야
이길 수 있다

"부러우면 지는 거다."

어디서부터 시작됐는지 모르겠지만 언젠가부터 많은 사람들이 이런 말을 합니다. 하지만 이 말은 저를 비롯한 많은 심리학자들을 당황하게 만드는 말입니다. 왜냐하면 부러움은 상당 부분 발전과 성장의 원동력이기 때문이죠.

대체 우리는 부러우면 지는 것이라는 말을 왜 이리도 많이 하게 되었을까요? 아마 남이 가지고 있는 것을 보면서 스스로를 초라하게 만들지 말라는 의미였을 것입니다. 당연히 수긍할 만합니다. 여기서 중요한 건 부러워하는 것과 타인과의 비교로 스스로를 지게 만드는 열등감을 명확히 구분하는 데 있습니다. 그러니 결론은 지혜롭게 부러워해야 궁극적 승자가 될 수 있다는 말이죠. 자, 그렇다면 열등감과 부러움을 어떻게 구별해야 할까요?

일단 열등감부터 알아봅시다. 열등감의 사전적 의미는 '자기를 남보다 못하거나 무가치하게 낮추어 평가하는 마음'으로 정의됩니다. 반면 부러움은 '어떤 사람의 긍정적인 능력이나 측면을 두고 자기도 그렇게 되고 싶어 하거나 가지고 싶어 하는 것'으로 정의되죠. 두 정의 간에는 현재의 자기보다 뛰어난 존재가 있다는 공통점이 존재합니다. 반면 차이점도 발견할 수 있는데요. 열등감은 자기를 낮추고 그 낮아진 자기를 보며 느끼는 부정적 감정인 반면 부러움에는 그런 요소가 없다는 것이지요. 그러니 '부러우면 지는 거다'라는 말은 사실 부러움이 아니라 열등감을 의미하는 말인 셈입니다.

그렇다면 제가 왜 부러움이 긍정적 요소라고 말씀드렸는지를 설명해 보겠습니다. 가장 먼저 인간은 사회적 존재라는 점을 다시 한번 곰곰이 생각해 볼 필요가 있습니다. '사회적'이라는 뜻은 가치의 판단이나 사안의 결정에 있어서 한 개인만의 취향이 아니라 사회 전반의 규범 혹은 기준이 강하게 개입함을 의미합니다. 그래서 인간은 실제로 다양한 생각과 행동에 있어서 사회를 참조합니다. 그게 정상이에요. 우리는 자신이 정말 무엇을 원하는지 혹은 진정으로 무엇이 되고 싶은지의 상당 부분을 타인과의 관계 속에서 점차적으로 파악해 갑니다. 무인도에 혼자 있는 사람은 꿈을 가지거나 미래를 생각하는 게 불가능해요. 우리가 혼자 있을 때는 알아차리기 어려운 소망, 꿈, 미래, 혹은 비전은 타인들이 존재하기에 더 수월하게 생각할 수 있다는 뜻인데요. 그 과정에서 강한 부러움을 느끼는 순간 우리는 추구해야 하는 가치나 목표를 자연스럽게 설정할 수 있게 됩니다. 그러니 부럽다는 감정을 지나치게 억제하거나 숨기면 이러한 가치와 목표들에 눈을 뜨는 것 자체를 막는 일이 되고 맙니다. 부러움을 자연스럽게 표현하는 과정을 거치면서 개인이든 조직이든 자신들만의 꿈, 희망, 가치, 그리고 잘 만들어진 목표를 설정하기가 수월해진다는 이야기죠.

'약점을 인정하지 않으면 발전이 없다'는 말에는 아마 모두 쉽게 수긍하실 수 있을 것입니다. 이 말은 '부러움을 자유롭게 표현하면 발전이 있다'와 같다고도 볼 수 있어요. 그리고 결코 쉽지 않은 약점 인정하기를 가장 쉽고 자연스럽게 할 수 있는 방법이 자유롭게 부러움을 표시하는 일입니다. 따라서 자신이나 자신이 속한 조직을 불필요할 정도로 낮춰 평가하는 열등감과 자신이 열광하고 몰두할 수 있을 것을 찾아나가는 출발점인 부러움의 차이는 분명하게 구분되어야만 합니다.

그렇다면 내친김에 어떻게 해야 열등감이 아닌 부러움으로 향할 수 있는지도 생각해 봅시다. 어떤 뛰어난 대상을 보면서 그 대상이 지닌 우수한 측면에 관해 말하는 것까지는 양쪽 모두 동일합니다. 그런데 그 지점에서 열등감과 부러움 둘 중의 어느 방향으로 생각이 가느냐를 결정하는 언행이 있는데 바로 '비교'입니다.

비교가 시작되면 사람들은 열등감을 느낄 수밖에 없습니다. 예를 들어 '저 사람은 이러이러한데 당신은 왜 이 모양인가?' 혹은 '저 조직은 이렇게 대단한데 우리 조직은 왜 이것밖에 안되나?'라고 생각하는 순간 사람들은 대상의 긍정적 측면에 초점을 맞춘 부러움으로 가지 못하고 자기의 약점에 골몰하게 되는 열등감의 길로 들어서게 되는 거죠.

솔직하게 말해 비교당할 때만큼 자신의 존재 가치가 내려가고 비참한 경우가 없지 않겠어요? 따라서 무언가 배울 필요가 있거나 닮고 싶은 대상을 발견했다면 '부러움' 자체에 집중하고 입 밖으로 나오려 하는 비교는 꾹 참을 줄 알아야 합니다. 즉 여운을 남기라는 말이지요. 나머지 부분은 스스로 채워가는 지혜가 필요합니다.

09

작은 변화에
거세게 반발하는 이유

조직을 이끄는 리더들이 갖고 있는 큰 고민 중에 하나가 바로 변화에 관한 일입니다. "작은 변화에 불과한데도 조직의 구성원들이 거세게 반발하니 난감합니다. 시도해 보지도 않고 말이죠." 리더 입장에서 보면 안타깝기도 하고 서운하기도 할 것입니다.

얼마 전 변화에 관련된 재미있는 실험 하나를 아주대학교 박사과정 대학원생 한 명과 진행한 적이 있는데요. 먼저 연구 참여자들에게 한 가지 종류의 일을 시킵니다. 예를 들어 단어의 빈칸 채우기 같은 과제죠. 당연히 문제마다 난이도가 다르며, 어려운 문제일수록 더 높은 득점을 얻게 됩니다.

처음에 사람들은 난이도와 상관없이 문제를 풀어나가다 어느 정도 시간이 지나면 쉬운 것들 위주로 풀기 시작합니다. 별로 놀라운 현상은 아닙니다. 일이 더 수월하게 진행되기 때문이죠. 그런데 문제는 사람들이 어느 정도 숙련된 이후에도 이 습관을 버리지 못한다는 데 있습니다. 이렇게 되면 사람들은 어려운 문제를 꺼리게 되고 고득점을 할 수 있는 기회조차 스스로 저버리는 꼴이 되고 마는 것이죠.

재미있는 것은 그다음입니다. 저희는 절반의 참가자들에게 앞선 실험과 약간만 다른 형태의 문제를 주었는데요. 예를 들어 주어진 단어와 의미적으로 관련 있는 다른 단어를 쓰는 과제였습니다. 그리고 나머지 절반의 참가자들에게는 도형을 완성하는 전혀 다른 종류의 과제를 제공했고요. 이번에도 결과는 흥미로웠습니다. 같은 종류에서 약간만 형태가 다른 과제를 부여받은 사람들은 이전보다도 훨씬 더 쉬운 문제에만 집착했기 때문입니다. 어려운 문제는 아예 거들떠보지도 않는 현상이 고착된 것이죠. 반면 완전히 다른 형태의 과제를 수행해야 하는 사람들은 자세를 바꿔 어려운 문제를 시도하기 시작했죠. 이런 차이가 발생한 이유는 무엇일까요?

사실 이는 당연한 현상입니다. 왜냐하면 사람들은 실제로 약간만 다른 것 사이에서 더 큰 차이점을 느끼기 때문이죠. 예를 들어 사람들에게 'PC와 노트북'과 'PC와 고양이' 중 어느 쌍이 더 서로 다른가를 물어보면 당연히 후자라고 대답합니다. 그런데 이번에는 둘 간의 차이점을 정해진 시간(예를 들어 2분) 내에 최대한 많이 써보라고 하면 흥미롭게도 전자에서 사람들은 훨씬 더 많은 차이점을 써 내려갑니다. 즉, PC와 노트북 사이에서는 배터리의 유무, 스크린 사이즈의 차이, 자판의 배열 등등 굉장히 많은 것들을 이야기하지만 PC와 고양이 사이에서는 난감한 표정을 지으면서 차이점을 써 내려가지 못한다는 것이죠.

　　사람들이 어렵고 새로운 일보다는 기존의 일과 아주 약간 다른 일에 도전하지 못하는 이유가 여기에 있습니다. 약간만 다른 일에서 더 큰 차이점을 느끼기 때문이죠. 마치 PC와 노트북 사이처럼 말입니다. 이럴 때 완전히 다른 일을 부여하면 이 간극이 해결되기도 하는데요. 자신이 이전에 살던 집과 유사한 구조의 새집에 이사 가면 사람들은 이전 집에서의 방식 그대로 움직이고 생활하려 합니다. 예를 들어, 이전 집과 마찬가지의 발 높이로 문지방을 넘으려고 고집하고 그 결과 손과 발에 다양한 생채기를 만들게 되죠. 하지만 전혀 다른 구조의 집에 이사 가면 이제 사람들은 예전 방식을 포기하고 불편함을 감수하면서 새로운 구조에 익숙해

지려 노력합니다. 문지방을 지날 때마다 부딪히지 않기 위해 애를 쓰게 되고 자연스레 문지방에 발을 찧는 일은 더 줄어듭니다. 완벽히 다른 상황에 처하면 이전의 습관적 행동을 자동적으로 포기하게 된다는 뜻이죠.

이러한 현상은 조직과 리더들에게 상당히 흥미롭고도 역설적인 실마리가 되어줍니다. 실제로 이전과 전혀 다른 환경이나 임무를 부여받았을 때 오히려 더 혁신적인 결과물을 내놓는 경우가 허다하기 때문이죠. 조직의 변화를 원한다면 조금만 더, 조금만 더라고 요구하기보다는 아예 새롭고 낯선 일을 부여해 보시기 바랍니다.

10

조삼모사,
의외로 맞는 말

중국 송나라에 저공(狙公)이라는 사람이 원숭이를 기르며 살고 있었습니다. 그런데 원숭이가 많아지면서 먹이가 부족해지자 저공은 원숭이들에게 아침에 세 개, 저녁에 네 개씩 주겠다고 말했죠. 그러자 원숭이들이 먹이가 너무 적다고 화를 냈습니다. 그래서 이번에는 아침에 네 개, 저녁에 세 개씩 주겠다고 하니 원숭이들이 좋아하며 모두 엎드려 절하고 기뻐했죠.

이 이야기는 근시안적 태도나 그 근시안을 이용해 잔꾀로 남을 속이는 것을 비유하는 조삼모사(朝三暮四)의 유래입니다. 유치원에 다니는 아이들도 알아챌 정도로 우습고 어리석은 이야기지만, 현대 심리학의 다양한 연구 결과를 종합하면 조삼모사가 의외로 강한 힘을 발휘하기도 하는데요. 어떤 일인지 살펴볼까요?

당연한 이야기부터 시작해 봅시다. 인센티브와 같은 보상을 강하게 제시하면 동기가 부여됩니다. 보상에 관한 기대가 업무에 더욱 집중하도록 만들기 때문이죠. 이때 집중은 그 일을 함에 있어서 안정성stability을 부여합니다. 그런데 이렇게 확보된 안정성은 필연적으로 유연함flexibility을 떨어뜨리는 결과를 초래하죠.

새로운 일에 도전하거나 사고의 확장에 반드시 필요한 유연성이 인센티브에 의해 오히려 저하된다니 당황스러운 사실이 아닐 수 없는데요. 그렇다면 인센티브와 같은 보상은 언제나 유연성을 갉아먹기만 할까요? 아닙니다. '조삼모사'가 바로 그 점을 이야기하고 있습니다.

예일 대학 심리학과의 천명우Marvin Chun 교수와 그의 제자인 제레미 센Jeremy Shen 박사가 이를 절묘하게 보여주는 연구를 발표했는데요.[3]

결론부터 말하자면 보상이 지속적으로, 즉 변화 없이 높은 수준으로 이루어지면 사람들은 일을 함에 있어서 안정감을 가장 중요한 것으로 생각하게 됩니다. 연구 결과 사람들은 이런 상황에서 한 가지 일을 오래하거나 집중을 요하는 일에서 최적의 수행을 보였는데요. 하지만 보상을 점진적으로 높이면 (더 정확하게는 그럴 것이라고 생각하게 만들면) 사람들은 안정성보다는 유연함을 더 강하게 보이는 것으로 나타났습니다. 한 가지 일을 하다가 다른 종류의 일을 하도록 했을 때 더 쉽고 빠르게 적응하는 결과가 나타난 것입니다.

왜 보상의 변화에 대한 전망이나 예상이 유연성에 도움이 됐을까요? 독일 레겐스부르크대학의 심리학자 커스틴 프뢰버Kerstin Fröber와 제신 드리스바흐Gesine Dreisbach 교수의 연구를 통해 그 이유를 보다 구체적으로 살펴볼 수 있습니다.[4] 이들은 기대되는 보상이 어떤 순서로 다가오느냐에 따라 사람들이 전혀 다르게 사고하고 행동한다는 것을 밝혀냈습니다. 지금보다는 앞으로 점점 보상이 커질 것이라고 기대하게 만들면 사람들은 일을 전환함으로써 훨씬 더 큰 이익을 창출할 수 있을 것이라고 기대하고 이로 인해 유연함이 극대화된다는 것입니다.

사고의 유연함은 어떤 종류의 일에 필요할까요? 당연히 창의와 혁신이 필요한 일들입니다. 반면 같은 크기의 보상을 지속적으로 유지하면 사람들은 지금 자신이 하고 있는 일의 형태를 바꾸는 데 들어가는 비용에 민감해지고 따라서 같은 일을 반복하는 것을 더 선호하게 됩니다. 이런 사람들은 당연히 정교함과 꼼꼼함을

요하는 세밀한 작업에 적합하죠. 더욱 놀라운 결과도 추가적으로 관찰됐는데요. 보상의 크기에 변화가 없을 때는 보상이 점진적으로 감소될 때보다도 유연함이 더 떨어지고 같은 일을 되풀이하려는 경향성이 증가하더라는 것입니다. 보상에 변화가 없는 조직이 왜 보수적인 모습을 점점 더 강하게 가지는가를 보여주는 것 같아 저 역시 무릎을 치고 말았습니다. 분명한 것은 이런 모든 조건에서 사용된 인센티브의 총량은 같았다는 점입니다. 어떤 경우에도 7이 되는 조삼모사에서처럼 말이죠.

연구진은 이러한 차이를 자발성 때문이라고 이야기합니다. 현재나 미래에나 인센티브에 변화가 없다면 현재 잘하고 있는 일을 반복해서 잘 하기만 하면 그만일 것입니다. 반면 현재는 보상이 적어도 미래로 갈수록 점점 더 커질 수 있다는 기대를 갖게 되면 지금 하는 일로부터 '자발적'으로 변화를 만들어내 그 큰 인센티브에 걸맞은 무언가를 새롭게 창출하게 될 테죠. 즉 보상 크기의 순서가 어떻게 구성되는가에 따라 '자발성'은 큰 영향을 받습니다. 같은 총량의 자원이라도 어떻게 배분하는가 못지않게 어떤 시점에 배분할까에 대한 고민을 진지하게 해볼 필요가 있지 않을까요?

올바른 주장이 아니라
올바른 말

영국의 저명한 소설가인 조지프 콘래드Joseph Conrad의 어록 중에 제가 좋아하는 말이 있습니다

"설득하고자 하는 사람은 올바른 주장이 아니라 올바른 말로 신뢰를 얻어야 한다He who wants to persuade should put his trust not in the right argument, but in the right word."

그런데 그가 남긴 이 문장 하나가 현대 심리학에서 그리고 실제 기업 현장에서 그대로 증명이 되고 있습니다. 무슨 이야기냐고요? 건전한 말이 우선시되어야 건전한 조직문화의 형성이 가능해진다는 것이지요. 그리고 그 건전한 조직문화로 인해 근본적인 경

쟁력이 강화될 수 있습니다. 지금부터 한 기업의 사례를 통해 그 연결고리에 대해 알아보시죠.

미국 중서부에 위치한 비영리 건강관리시스템 SSM 헬스가 그 주인공인데요. 기업의 경쟁력이 세계 일류 수준으로 도약할 경우 미국에서는 말콤 볼드리지 국가품질상Malcolm Baldrige National Quality Award을 수여합니다. 물론 SSM 헬스도 그 주인공 중 하나죠. 전성기 시절의 모토로라, 제록스, GM 캐딜락사업부, 페더럴 익스프레스, IBM 로체스터 사업부, 리츠칼튼호텔, 3M 치과용품 사업부 등 등 역대 수상 기업의 면면은 화려하기 그지없습니다. 당연히 경영 방식과 제품 및 서비스에서 탁월한 성과를 낸 기업만이 이 상을 받을 수 있죠. 헬스케어 프로그램을 최초로 제공하고 확산시킨 공로로 말콤 볼드리지 국가품질상을 수상한 SSM의 원동력은 무엇이었을까요? 관련 분야 연구자들의 분석과 회사 구성원들의 의견을 종합하면 가장 중요한 핵심에는 의외로 '좋은 말'의 사용을 기업 문화로 정착시킨 노력이 자리 잡고 있었습니다.

왜 좋은 말은 좋은 문화를 만들어낼까요? 공격적인 말은 부지불식간에 우리를 공격적으로 만들기 때문입니다. 그런데 더욱 무서운 것은 그 공격성이 바로 곁에 있는 가까운 사람들을 향한다는 데 있습니다.

실제로 우리가 일상생활에서 쓰는 말들에는 공격적인 표현들이 엄청나게 많습니다. 재미있는 것은 굳이 그렇게 공격적 표현이 사용될 필요가 전혀 없는데도 그런 말들이 난무한다는 점이죠. 예를 들어 '정곡을 찌르다'와 '문제를 제거하다' 혹은 '경쟁사를 무찌르다' 등과 같은 표현들입니다. 찌르고, 제압하고, 무찌른다는 표현은 싸움이나 전투 상황에 쓰면 딱 맞는 것들임에도 불구하고 우리는 이렇게 지극히 폭력적이고 공격적인 표현들을 목표 달성이나 일의 추진과 같은 좋은 의도를 표현하기 위해 사용하는 경우가 많습니다. 그게 무엇이 문제가 되느냐라고 생각들 하실지 모르겠지만, 여기에는 매우 심각한 위험요소가 자리잡고 있습니다. 실제로 조직 구성원들이 서로에게 더 공격적으로 변하기 때문인데요. SSM은 이를 매우 엄격할 정도로 통제해서 긍정적 효과를 크게 본 회사입니다. 이 기업은 공식적인 회의는 물론이고 비공식적인 모임에서조차도 공격적인 말투를 쓰지 않도록 엄격히 규제했습니다. 심지어는 초청 연사에게까지도 그렇게 해줄 것을 요청하는 까탈을 부리기까지 했는데요. 여기에는 『설득의 심리학』의 저자로 유명한 세계적 심리학자 로버트 치알디니Robert Cialdini 교수도 포함돼 있었습니다.

그 이유를 밝히는 실험 연구 하나를 소개해 드리겠습니다. 이탈리아 트렌토 대학의 심리학자 페데리카 카비치오Federica Cavicchio

교수가 그 주인공입니다.[5]

　카비치오 교수 연구팀은 사람들에게 잠시 동안 폭력적이거나 적대적인 말을 듣고 말하게 한 후 그들이 얼마나 공격적으로 변하는지 관찰했습니다. 실험에 참가한 사람들은 뒤섞인 단어를 정렬해 문장을 완성하는 과제를 30번 수행했는데요. 참가자 절반은 주어진 단어가 바르게 배열되면 공격적인 문장이 완성되는 단어들을 받았습니다. 예를 들어, 'hit', 'you', 'them'을 정렬해 제대로 된 문장을 만들면 'you hit them(당신은 그들을 때린다)'이 되는 식이죠. 반면에 다른 절반의 참가자들은 공격성과 관련이 없는 단어들을 부여받았습니다. 예를 들어 'door', 'the', 'fix'를 정렬하면 'fix the door(문을 고치다)'이 되는 식입니다. 이런 단어 정렬 과제들을 마친 뒤 모든 참가자들은 같은 일을 하게 됩니다. 다른 참가자들에게 20회의 전기 충격을 가하는 것이었죠(걱정하지 마세요. 몰래카메라입니다). 그런데 결과는 놀라웠습니다. 공격적 문장을 만든 참가자들이 다른 사람들에게 가한 전기 충격의 강도가 그렇지 않은 참가자들에 비해 48퍼센트나 높았기 때문입니다.

　폭력적인 말은 쓰는 것만으로도 그 이후의 무관한 일과 대화에 사람을 공격적으로 만듭니다. 조직이든 관계든 언제든 말 한마디로도 무너질 수 있다는 뜻이지요. 평소 스스로의 언어 습관을 되돌아보시기 바랍니다.

《12》

실패 후에 재도전은
만회라는 프레임으로

　살아가면서 인간이 언제나 성공을 거둔다는 것은 불가능합니다. 아니, 더 정확하게 말하자면 우리 인생에서 성공하는 경우가 얼마나 되겠습니까? 훨씬 더 많은 수의 실패를 경험하는 것은 삶의 필연적 요소일지도 모릅니다. 따라서 성공한 개인과 조직들에게서 예외 없이 볼 수 있는 것은 그 성공을 가능케 했던 수많은 실패의 경험담들입니다. 우리 모두는 실패 후에 무수한 재도전을 해야만 한다는 것을 잘 알고 있습니다. 하지만 말이 쉽지 실패한 이후에 기꺼이 다시 도전하는 일은 결코 쉽지 않죠.
　그래서 심리학자들은 사람들이 어떤 실패를 경험한 후 다시 재도전하기까지 조금이라도 도움이 되는 상황이나 메시지에는 어떤 것이 있을까에 대해 늘 관심을 가져왔습니다. 그리고 관련된 연구들을 종합해 보면 다음과 같은 결론에 도달할 수 있는데요. 실패 직후에는 '도전'이 아니라 앞서 일어났던 실패의 '만회'라는 느낌을 가져야만 다시금 그 일에 뛰어들기가 쉬워진다는 것입니다. 즉 재도전을 격려하는 메시지의 분위기를 살짝 바꿔줘야 할 필요가 있다는 뜻이죠. 이를 잘 보여주는 것이 바로 '손익 평형 효과_{Break Even Effect}'입니다.

손익 평형 효과란 사람들은 이전에 거둔 실패로 인한 손실을 정확히 메워주는 것을 목적으로 한 행동의 경우에는 기꺼이 도전한다는 것인데요. 예를 들어 어떤 사람이 투자로 100만 원을 잃었다고 해봅시다. 당연히 실패를 경험한 것입니다. 그런데 이때 그 사람에게 두 종류 선택의 옵션을 제안하게 됩니다. 옵션 A는 일종의 게임(즉 모험이나 도전)입니다. 50%의 확률로 40만 원을 얻을 수 있고 나머지 50%는 40만 원을 잃는 게임이죠. 옵션 B는 아무것도 하지 않는 것입니다. 이 두 옵션을 제시하면 사람들은 일반적으로 B를 선호합니다. 즉 어떤 시도도 하지 않겠다고 반응하는 것이죠. 그런데 옵션 A의 게임 금액이 획득과 손실 모두에서 100만 원으로 바뀌면 사람들의 반응이 달라집니다. 게임을 하겠다는 사람들의 수가 늘어나는 거예요.

　심지어 게임으로 얻을 수 있는 금액이 낮아져도 같은 현상이 일어납니다. 20만 원 손실을 경험한 사람에게 옵션 A(50% 확률로 40만 원을 획득하거나 잃거나)를 제안하면 하지 않겠다는 사람이 대부분이지만 옵션 A의 금액을 20만 원으로 바꾸면 A를 선택하는 경향이 훨씬 더 늘어나게 됩니다. 이 재미있는 현상은 무엇을 의미할까요? 획득(성공)이든 손실(실패)이든 금액이 중요한 것이 아니라 지금 그 금액이 이전의 손실과 같은 경우에만 도전과 모험을 한다는 것입니다. 왜냐하면 이 경우에는 '이전의 손실을 만회'한다는 느낌이 들기 때문이죠. 사람들은 이전의 실패를 최대한 '정확하게' 메울 수 있는 경우에 더 기운을 차리고 도전합니다.

　자신의 부하가 어떤 쓰라린 실패를 맛보고 의기소침한 상태에서 더 이상 도전하지 않으려 한다면 그 부하에게 '이전의 실패를 잊으라'는 순진한 주문만으로는 턱없이 부족합니다. 대신 '이 새로운 도전이 이전의 그 실패를 메우고 만회하는 기회다'라고 좀 더 지혜로운 주문을 해야 합니다. 그저 추상적인 위로와 격려만으로 사람을 다시 도전하게 만들기는 쉽지 않기 때문입니다. 누군가를 움직이게 하고 싶다면 메시지 하나도 세심하게 다듬는 지혜가 필요합니다.

《 13 》

성공은 기술하고
실패는 설명하라

　제가 강연을 나갈 때마다 늘 강조하는 말이 있습니다. "기술과 설명의 차이를 알고 이를 적재적소에 사용하라"는 것입니다. 기술과 설명이라니 이 무슨 뚱딴지 같은 소리냐고요?

　기술記述은 '대상이나 과정의 내용과 특징을 있는 그대로 열거하거나 기록하여 서술하는 것'으로 정의됩니다. 반면에 설명說明이란 '어떤 일이나 대상의 내용을 상대방이 잘 알 수 있도록 밝혀 말함. 또는 그런 말'이라고 되어 있죠. 이 둘 사이의 차이는 바로 '있는 그대로'와 '상대방이 잘 알 수 있도록'에 있습니다. 즉 기술은 정확해야 하며 최대한 풍부한 내용을 포함해야 합니다. 따라서 임의의 각색은 조금도 허용되지 않죠. 반면, 설명은 이해의 편의를 높일 수 있으면 어떤 항목은 강조되거나 반대로 좀 누락되어도 크게 문제 될 것이 없습니다. 즉 각색이 허용된다는 뜻이지요.

그런데 세상의 수많은 일들이 성공은 설명되고 실패는 기술됩니다. '성공 스토리'라는 말이 들어간 제목의 TV 프로그램과 책이 수없이 많다는 게 그 증거겠죠. 하지만 '실패 스토리'라는 말을 들어본 적이 있으신가요? 실패 사례는 대부분 그때 어떤 상황이 있었고 어떤 변수가 그런 실패를 만들어냈는가와 같은 정황 변수를 나열하는 것으로 대부분 마무리됩니다. 즉 성공과 실패는 각각 설명과 기술로 나뉘어진다는 의미입니다.

심리학에는 '귀인$_{\text{attribution, 歸因}}$'이라는 개념이 있습니다. 어떤 일의 원인을 어디에 두는가를 일컫는 말인데요. 말은 간단하지만 귀인의 양상은 의외로 미묘하고 복잡합니다. 왜냐하면 심리학자들이 어떤 일의 원인을 어디에 두는가에 따라 내부 귀인과 외부 귀인으로 구분하고 있기 때문이죠.

내부 귀인은 어떤 결과나 행위의 원인을 자기 자신의 노력이나 성향에 두는 것을 의미합니다. 반대로 외부 귀인은 그 결과나 행위의 원인을 자기 자신이 아닌 외부 환경에 두죠. 그리고 대부분의 사람들이 내부와 외부 귀인에 있어서 일종의 편향적 경향성을 보입니다.

먼저 좋은 결과를 거두었을 때 사람들은 내부 귀인을 하는 경향이 강합니다. 반대로 실패나 부정적 결과를 받아들게 되면 외부 환경의 다양한 요인에 그 원인을 두려고 하죠. "잘하면 내 덕, 잘못되면 남 탓"이라는 말처럼 말입니다. 그래서 성공 뒤에는 성공한 사람의 노력과 지혜에 관한 스토리를 '설명'합니다. 하지만 실패의 경우에는 정반대의 양상이 나타나게 되는데요. 일단 그 실패를 불러올 수밖에 없는 주변의 정황들을 모조리 기술합니다. 여기에는 그 정황을 눈치채지 못한 주인공의 능력 부족도 불운이라는 말로 포장되지요.

실제 실험을 해봐도 마찬가지 결과가 나옵니다. 사람들에게 어떤 과제를 부여하고 그 결과가 성공적이든 실패든 그 결과의 이유를 종이 한 장에 써보게 하면 성공을 거둔 사람들은 자신의 노력과 그 과제를 풀어나가는 과정에서 자신의 결정들을 매우 흥미진진하게 설명합니다. 반면, 만족스럽지 못한 결과를 거둔 사람들 대부분은 그 일이 제대로 풀리지 못하게 만들었던 주위 환경 요인들을 매우 자세히 서술하죠. 자연스럽게 그 성공을 만들어내는 데 결정적으로 작용했던 외부 상황 요인들이 모두 누락되고 정작 실패를 만들어낸 사람들에게 무엇이 부족했는지를 되돌아볼 수 없게 됩니다.

제가 성공을 기술하고 실패를 설명해야 한다고 주장하는 이유가 여기 있습니다. 그럼에도 흥미가 떨어진다는 이유로, 이미 실패로 끝난 일을 왜 굳이 들추어 불편하게 만드느냐는 이유로 대부분의 사람들은 관심을 기울이려고 하지 않죠. 하지만 성장을 위해서는 이 과정이 반드시 필요합니다. 성공한 사람에게는 자신을 빼고 성공의 이유를 묻는 과정이, 실패한 사람에게는 자신의 요인만 가지고 실패의 이유를 설명하는 과정 말이지요.

14

똑게의 메커니즘

어떤 사람들이 좋은 리더가 될까요? 똑똑한 사람일까요? 경험적으로 우리는 이 말이 맞지 않다는 걸 알고 있습니다. 심지어 똑똑하기로는 대한민국에서 내로라하는 사람들이 얼토당토않은 실수와 실패를 만들어내는 일을 수없이 목격했으니까요. 이른바 '시험 봐서 뽑혔으면 대통령도 했을' 수많은 똑똑한 사람들이 리더로서 저지르는 실수들 말이죠. 지금부터 똑똑한 리더들이 왜 자신의 발목을 스스로 부여잡는지 알아봅시다.

실제로 똑똑한 리더들이 지니고 있는 한계와 그로 인한 조직 구성원들의 고충은 수십 년 동안 회자되었던 이야기입니다. 2차 세계대전 당시 적군인 연합군 측에서도 그 능력과 지혜를 인정했던 독일 장군 에리히 폰 만슈타인Erich von Manstein도 그중 하나인데요. 만슈타인은 누가 장군으로 승진할 자격이 있는가에 대해 이야기하면서 이른바 똑똑한 리더가 스스로 걸어들어가 빠지는 함정에 대해 신랄하게 비판했습니다. 그는 여기서 네 가지 유형의 장교를 언급하는데 멍청하고 부지런한 '멍부', 멍청하고 게으른 '멍게', 똑똑하고 부지런한 '똑부', 마지막으로 똑똑하고 게으른 '똑게'입니다. 이중 최악은 단연 멍부입니다. 만슈타인은 이들은 그야말로 골칫덩어리이며 당장 제거해야 한다고 목소리를 높입니다. 조직 곳곳을 들쑤시며 아무에게도 도움되지 않는 일을 부지런히 벌이고 다니니 말이죠. 반면 만슈타인이 장군으로 승진할 자격이 있다고 주장한 유형은 '똑게'였습니다. 혹시 여러분은 '똑부'라고 짐작하지 않으셨나요? 솔직히 말해 똑똑하고 부지런하면 그야말로 금상첨화일 테니 말입니다. 그런데 그는 왜 똑똑하면서 게으른 사람이 똑똑하면서 부지런한 사람보다 리더로서 더 적합하다고 주장한 걸까요?

바로 지시와 지시 이후의 행동 양쪽 모두에서 가장 이상적인 모습을 보이기 때문이었습니다. 쉽게 말해 똑게들은 자신의 똑똑함으로 인해 일을 지혜롭게 지시합니다. 그런데 여기서 그치는 것이 아니라 게으르기 때문에 자신이 일을 시킨 사람들이 결과를 가져올 때까지 느긋하게 기다려주죠. 여기서 느긋하게 기다려준다는 부분이 포인트입니다. 이들은 일을 지시하고 난 뒤 수시로 그 과정에 참견하지 않고 여유를 갖고 기다려줍니다. 이른바 '게으름의 지혜'라고 불리는 대목이죠.

게으름의 긍정적 효과를 보여주는 사례는 또 있습니다. 미국 대통령 지미 카터Jimmy Carter와 로널드 레이건Ronald Reagan에 대한 비교가 그 좋은 예인데요. 성실함의 표본이었던 지미 카터는 하루에 16시간이나 열심히 일한 인물로 알려져 있습니다. 전형적인 똑부라고 할 수 있죠. 하지만 그는 재선에 실패하고 말았습니다. 여론조사 결과는 취임 초반부터 지속적으로 떨어졌죠. 주요 원인으로는 조지아 주지사 시절 때부터(그의 부지런함에 호흡을 잘 맞추는) 측근 인사들만을 중용한 이른바 인사 문제였습니다. 또 다른 문제는 자신의 성실함의 기초가 됐던 개신교 장로로서의 모습에 충실하며 외교적으로 다른 종교권 국가들과 마찰을 일으켰다는 점인데요. 반면 하루에 두세 시간만 일한다는 비아냥을 들었던 똑게 레이건은 재선에 성공한 것은 물론이고 재임 기간 중 카터보다 훨씬 더 능력을 인정받았습니다. 도대체 언제 일하느냐는 의구심을 심지어 참모진들로부터 들었다는 기사가 한국 일간지(1981년 9월 2일 중

앙일보)에 소개되었을 정도니 그가 카터보다 훨씬 덜 부지런했던 것만큼은 분명한 사실인 듯합니다.

이를 두고 『나만의 80/20 법칙 만들기』의 저자 리처드 코치Richard Koch는 이렇게 분석합니다. "레이건은 게을렀기 때문에 몇 가지 중요한 사안에만 집중해서 괄목할 만한 성과를 거두었고 그 결과 현재까지도 미국인들로부터 가장 일을 잘했던 대통령으로 기억에 남아 있다. 반면 카터의 경우 진정성을 가지고 열심히 하기는 했지만 목표가 너무도 많았기 때문에 번잡하기만 하고 눈에 띄는 성과를 내지 못해 재선에도 실패했다."

똑게가 아닌 똑부의 모습으로 당당히 최고의 자리에 오른 이들 역시 많습니다. 그 좋은 예가 바로 애플의 CEO 팀 쿡Tim Cook이죠. 그는 가장 먼저 출근하며 가장 늦게 퇴근하는 것으로 유명합니다. 실제로 남들보다 서너 배 더 근면한 모습을 보이면서 성과를 내는 리더는 비즈니스 세계에서 흔히 찾아볼 수 있습니다.

이렇게 생각하면 또다시 헷갈려집니다. 똑게와 똑부 중 어느 사람이 더 좋은 리더일까요? 똑게와 똑부 중 어느 것이 더 맞는가는 잠시 뒤로 미뤄두고 누구나 동의할 수밖에 없는 일 잘하고 탁월한 성과를 내는 리더의 소양은 무엇일지 생각해 봅시다.

첫째, 특별한 목적도 없는 회의나 만남을 자제합니다. 그렇게 함으로써 조직의 역량이 분산되거나 집중력이 떨어지는 것을 방지하죠.

둘째, 일이 제대로 이루어질 수 있도록 자신의 권한을 '위임_{delegate}'하는 것을 두려워하지 않습니다. 권한을 위임받은 조직의 구성원들은 책임감과 자존감을 모두 확보하며 일에 대해 능동적 자세를 가지게 됩니다.

셋째, 불필요하거나 자질구레한 것들에 주의를 분산시키지 않고 발전과 혁신을 위한 핵심에만 집중합니다.

넷째, 질문을 제기하는 것과 제기받는 것 모두를 마다하지 않습니다. 일의 진행 과정에서 의문을 갖고 이를 해소함으로써 함정을 제대로 메우고 피해 나가죠.

자, 제가 여기서 흥미로운 지점 하나를 발견했는데요. 똑게가 낫다고 하는 사람들이든 똑부가 되어야 한다고 주장하는 사람이든 모두 위에서 말한 좋은 리더의 특징을 근거로 내세운다는 점입니다. 그렇다면 결국 게으름과 부지런함은 같은 목적을 위한 요소라고 볼 수 있겠죠. 그럼에도 불구하고 왜 이런 상반된 주장이 존재할까요? 그 이유는 일에 대한 부지런함과 사람에 대한 부지런함, 그리고 리더 자신에 대한 부지런함이 명확히 구분되지 않기 때문입니다.

근면한 리더들은 혼자 있는 시간을 확보하기 위해서 노력합니다. 당연히 통찰을 얻기 위해서입니다. 그러니 아침에도 일찍 일어나죠. 그 시간에 사람 불러 모으는 일부터 하는 리더는 거의 없습니다. 이 모습을 보면 그들은 똑부입니다. 하지만 다른 사람들 눈에는 여유가 있어 보이니 주위 사람들은 그를 똑게라고 부릅니다.

훌륭한 리더라면 이렇게 똑게이면서 동시에 똑부여야 합니다. 다시 말해 나에게는 부지런하고 부하에게는 게으르라는 말이지요. 재선에는 실패했지만 가장 존경받는 역대 대통령 중에 한 명이 된 지미 카터가 이번에는 반대로 성공적인 리더십의 좋은 예가 됩니다. 카터는 퇴임 이후에 오히려 본격적으로 인기와 존경을 누리게 되는데요. 자신에 대한 소박함과 부지런함을 전 세계인에게 보여줬기 때문이죠.

저는 재임 기간 중의 레이건과 퇴임 후의 카터를 보면서 이런 생각을 해봅니다. 직장에 출근해서는 레이건의 모습을, 출퇴근 직전과 직후에는 카터 같은 모습을 보인다면? 아마도 가장 일 잘한다는 평판과 함께 덕망 높은 사람이라는 찬사를 받을 수 있지 않을까요? 한 인간에 대해서는 어벤저스의 모습이라고 생각하실지 모르겠지만 어쨌든 지향해야 하는 바인 것은 분명해 보입니다.

《15》

묻지 않는 부하의
입을 열게 하려면

수많은 분들이 제게 하는 질문 중 하나가 바로 입을 열지 않는 부하에 관한 것들입니다. 아무리 질문을 하라고 해도 부하 직원들이 도통 입을 열지 않아 골치가 아프다는 얘기인데요. 말하라고 할 때는 죽어라 입을 다물고 한 마디도 하지 않더니 나중에 와서는 지시를 제대로 알아듣지 못해 딴소리를 하고, 자기 마음대로 엉뚱한 해석을 내려 일을 망치는 경우도 허다하다는 것이지요. 이런 일들을 방지하기 위해 부하에게 중간 중간 질문을 하지만 일일이 확인하기란 현실적으로도 어렵고 먼저 와서 말해주면 좋을 텐데라며 아쉬움을 드러내는 경우가 많았습니다.

사실 이런 일은 회사에서만 벌어지지 않습니다. 두 사람 이상이 모여 대화를 나누면 언제든지 일어날 수 있는 현상입니다. 한 사람이 다른 사람에게 무언가를 지시하거나 설명하면서 자신은 잘 전달했다고 생각하지만 상대방은 거의 알아들은 것이 없는 경우가 꽤 많으니까요.

이와 관련된 현상들을 심리학자들은 이른바 '지식의 저주'라고 통칭합니다. 수많은 연구와 실제 사례를 종합해 보면, 무언가를 설명하는 쪽에서는 자신이 전달한 내용의 '최소한 50%' 정도는 상대방이 알아들을 것이라고 기대한다고 합니다. 반면 상대방이 실제로 이해하거나 기억하는 양은 그 10분의 1에 불과한 5% 정도라니 그 격차가 어마어마한 셈입니다. 그렇다면 이 차이를 어떻게 줄여야 할까요? 이 질문은 앞서 상대방으로 하여금 입을 열어 질문하게 하려면 어떻게 해야 하는가와도 일맥상통합니다. 결론부터 말씀드리자면 이해의 주체, 즉 인칭에 변화를 주어야 하는데요. 상대방이 알아들었는지를 다그치며 확인하는 것이 아니라 말하는 사람이 제대로 설명 혹은 지시했는가로 맥락을 바꿔주어야 한다는 뜻입니다.

가정에서 부모 자식 간의 대화를 예로 들어 설명해 보겠습니다. 부모가 아이에게 무언가를 알려주고 난 뒤 "엄마 말이 무슨 뜻인지 알아들었니?"라고 물어보게 되죠. 아마 가장 흔한 확인 방식일 것입니다. 그런데 문제는 이 상황에서 아이들이 선뜻 "아니오"라는 대답을 하기 어려워한다는 데 있습니다. 엄마의 말을 알아듣지 못한 책임이 자기 자신에게 있는 것처럼 느껴지기 때문입니다. 그래서 제대로 이해하지 못했는데도 불구하고 알아들은 척 "네"라고 대답하게 되죠. 하지만 이렇게 얼렁뚱땅 대답해 놓고 나중에 엉뚱한 행동을 해 더 크게 혼나는 경우가 많죠. 이런 불일치와 갈등을 줄이기 위해서는 부모가 이렇게 물어야 합니다.

"내가 제대로 설명한 거니?" 혹은 "내가 잘 알아들을 수 있게 얘기했니?"라고 말이지요. 차이가 느껴지시나요? 이렇게 물어보면 아이들 역시 부담 없이 "아니오. 좀 더 자세히 설명해 주세요"라고 말할 수 있게 됩니다.

수많은 조직에서 리더가 부하에게 지시 혹은 설명을 마치고 난 뒤 이렇게 말합니다. "알아들었지?", "이제 제대로 할 수 있지?"라고 말입니다. 이 역시 마찬가지예요. 자신이 말한 내용을 상대방이 이해했는가에 중점을 두면 질문을 받은 상대방은 심리적으로 이해의 책임을 지게 됩니다. 그리고 그 책임감은 "아니오" 혹은 "아직은…"이라는 말을 하기 점점 어렵게 만들죠. 이때 리더가 "내가 제대로 전달했나?" 혹은 "내가 명확하게 설명을 한 것입니까?" 등으로 물으면 이해의 책임을 리더나 회의의 주관자가 스스로에게 지게 되면서 상대방으로 하여금 훨씬 더 부담 없이 질문을 할 수 있게 만듭니다.

여기에 한 가지 조언을 덧붙이자면 사람들은 이른바 '조언'의 형태로 의견을 말하게 할 때 가장 편안하게 말할 수 있는데요. 나의 부족함을 채워달라고 요청하면 더 낮은 지위에 있거나 나이가 적은 사람들도 훨씬 적극적으로 입을 열 수 있다는 거죠. 간단해 보이지만 이런 행동의 결과가 축적돼 엄청난 차이를 만들어낼 수 있다는 사실을 잊지 마시기 바랍니다.

16

사소함의 법칙

동서고금을 막론하고 많은 사람들 입에 오르내리는 이야기들 중의 하나가 바로 핵심을 보지 못하고 별로 중요하지 않은 것에 몰입하는 행동을 꼬집는 말일 것입니다. '일의 경중을 가리지 못한다' 혹은 '숲을 보지 못하고 나무만 본다' 등의 이야기가 대표적이지요. 우리는 왜 본질적 사건에 집중하지 못하고 곁가지에만 관심을 두는 우를 범하는 걸까요? 영국의 사회과학자인 시릴 파킨슨Cyril Northcote Parkinson은 '사소함의 법칙'이라는 용어를 통해 그 원인에 접근합니다.

그가 말하는 사소함의 법칙은 사람들이 아이러니하게도 큰일을 위한 결정에는 시간이든 노력이든 적은 양을 쓰면서 오히려 작은 일에 더 큰 에너지를 아낌없이 쏟아 붓는 수많은 경우를 일컫습니다. 그의 저서인 『파킨슨의 법칙』에 등장하는 에피소드들 중 하나를 소개하겠습니다.[6]

영국의 어떤 기업 임원회의에서 공장의 신축에 대한 회의가 진행됐습니다. 이 공사에 필요한 비용은 무려 1억 파운드였죠. 그런데 이 회의는 단 15분 만에 끝이 나고 말았습니다. 이 짧은 시간에 비용 처리에 대한 주요 사항들이 결정된 것이지요. 이 회사의 조직 문화 자체가 신속한 의사결정을 선호하기 때문이었을까요? 결코 아닙니다. 다음 안건에 대한 임원들의 반응을 보면 알 수 있는데요. 다음 안건은 직원들을 위한 자전거 거치대를 본관 앞에 설치할지 여부를 결정하는 것이었습니다. 관련 예산은 불과 3,500파운드 정도였죠. 그런데 이 회의는 무려 한 시간 넘게 계속됐습니다. 더욱 어처구니없는 것은 이 안건에 대해 회의 참석자들은 첫 번째 안건에 대해서보다 훨씬 더 몰두했으며 심지어는 치열한 찬반 논쟁을 벌였다는 점인데요. 이런 문제가 비단 이 회사에서만 일어나는 특수한 일일까요? 아닐 것입니다.

파킨슨의 분석은 다음과 같습니다. 첫째, 중요한 일을 결정할 때는 큰 책임이 따르기 마련이라 아무래도 쉽게 의견을 말하기가 부담스러운 것이 당연하다. 둘째, 중요하고 큰 사안일수록 내가 잘 모르는 사항들도 꽤 많기 때문에 함부로 입을 열기가 어렵지만 작은 안건일수록 책임 및 부담이 적고 대부분의 사항에 대해 잘 알고 있기 때문에 입을 열기가 쉽다.

하지만 파킨슨의 분석 이외에도 중요한 원인이 하나 더 있습니다. 작은 사안에 대한 회의에서는 단순히 의견이 많아질 뿐 아니라 사람들이 더 몰입하고 열중했기 때문이죠.

저는 그 해답을 시간에 있다고 생각합니다. 더 정확히는 시간이 지나가는 속도에 관한 느낌입니다. 사람들은 어떤 일이 중요해서 그것에 대해 생각을 많이 하는 경우도 있겠지만 엉뚱하게도 그 일에 대한 생각이 빠르게 돌아가고 있기 때문에 역으로 그 일이 중요하다고 착각하는 경우가 꽤 많습니다. 사소한 사안에 관해 생각을 하거나 의견을 말할 때면 당연히 생각이 빨리 돌아가므로 시간 역시 상대적으로 더 빨리 간다고 느낍니다.

실제로 오스트리아 잘츠부르크 대학의 요힘 한센Jochim Hansen 교수와 뉴욕 대학의 야콥 트로페Yaacov Trope 교수의 연구 결과 사람들은 시간이 금세 지나간다고 느끼는 일에 더 몰입하는 경향이 관찰됐습니다. 그 일이 몰입할 만한 것인지 여부와는 무관하게 말이지요. 요약하자면 인간은 어떤 일의 중요성과 그 일에 대한 생각의 속도를 자주 연결시키는 착각을 합니다. 마치 자전거 거치대 설치에 관한 생각이 공장 신축에 관한 생각보다 더 빨리 머릿속에서 돌아가는 것처럼요.

그렇다면 우리 조직에도 이런 착각이 일어나고 있는지 한번쯤 돌아볼 필요가 있지 않을까요? 중요하다고 생각하는 것에 몰입하는 것이 아니라 몰입이 쉽기 때문에 그 일이 중요하다고 생각하고 있는 건 아닌지를 말입니다. 그리고 이를 막기 위해서는 사안의 경중에 따라 얼마만큼의 이야기를 나눠야 할지 미리 정해놓는 것도 좋은 방법입니다. 언뜻 보면 일을 더하는 것 같지만 사실은 일을 더 효율적으로 할 수 있는 사전포석이 되니까요.

17

김칫국을
마셔야 하는 이유

우리말에 '김칫국부터 마시지 말라'는 말이 있습니다. 장밋빛 미래를 지나치게 낙관적으로 그리지 말라는 뜻으로 쓰이는 말이지요. 하지만 저를 비롯한 심리학자들은 때때로 김칫국은 마셔야 한다고 조언합니다. 왜냐하면 김칫국을 마시는 일이 불안의 제거에 매우 큰 효과가 있기 때문이죠.

불안은 목표나 비전이 이루어짐으로써 누리게 될 행복과 기쁨을 생각하기보다는 그 일을 함에 있어서 장애물이 무엇인가부터 떠올리게 합니다. 영국 엑스터 대학의 그렉 우드Greg Wood 교수와 마크 윌슨Mark Wilson 교수 연구팀은 불안이 왜 할 수 없다는 생각을 만들어내는가에 대한 중요한 단서 하나를 승부차기 연구에서 찾아냈는데요.[7] 이들은 엑스터 대학 축구 선수 열네 명에게 승부차기를 시켰습니다. 그 결과 성공에 대한 압박감이 심해 불안과 스트레스가 많은 선수들일수록 공을 차기 한참 전부터 골대 중앙에 서 있는 골키퍼를 응시하는 장면이 관찰됐죠. 그리고 이런 경향성은 결국 공을 엉뚱한 곳으로 차게 만들어 승부차기에서 나쁜 결과를 낼 확률을 높였습니다.

세계적인 축구 스타들의 경기를 지켜봐도 마찬가지 결과를 목격할 수 있는데요. 자신의 성공에 대해 확신이 없고 불안한 심정을 가진 선수들일수록 골키퍼로부터 시선을 떼어내지 못합니다. 승부차기에 있어서 내가 공을 보낼 곳은 일로 치자면 '목표'고 골키퍼는 그 목표를 성공하는 데 있어서 '장애물'에 해당하겠지요. 즉 불안한 사람은 목표보다는 장애물에 지나치게 신경을 쓴다는 것입니다. 그러니 조직에서 안 되는 이유부터 이야기하는 사람들을 탓하기 전에 그들의 불안에 먼저 초점을 맞춰야 할 필요가 있다는 뜻입니다.

수많은 조사 결과를 보면 축구의 승부차기에서 성공률은 대략 70% 정도입니다. 그런데 이 성공률은 내가 골을 넣었을 때 이기는 상황에서는 약 90%에 육박하게 됩니다. 하지만 내가 넣지 못해 우리 팀이 지는 상황이 되면 40% 정도로 추락하고 말죠. 90%와 40%의 차이를 가르는 것은 나로 인해 이기는 상상, 즉 '김칫국부터 마신다'는 말이 가져오는 긍정적 효과라고 볼 수 있습니다.

이를 직장에 적용해 볼까요? 실패했을 때 겪어야 할 고통이나 치러야 할 대가를 환기시키는 리더는 많습니다. 하지만 그 일이 잘되었을 때 어떤 즐거움과 행복이 있을지를 이야기해 주는 리더는 별로 없습니다. 팔로어들이 숨은 힘을 발휘하기 위해서는 승부차기에서 90%를 성공시키는 축구 선수들처럼 그 열매의 달콤함에 대한 상상이 제대로 이루어져야만 합니다.

굳이 한 마디 덧붙이자면 불안을 없애주었는데도 여전히 팔로어들이 안 된다고 한다면 다시 생각해 볼 필요가 있습니다. 리더의 독단적이고 무모한 판단일 수 있기 때문이죠. 김칫국을 한껏 마시게 해주었는데도 여전히 어렵다는 의견이 돌아온다면 고집을 부리기보다는 내가 틀릴 수도 있음을 인정하는 편이 낫습니다.

중요한 결정은
오전에 하세요

　인간은 하루에 평균 150개의 크고 작은 결정을 한다고 알려져 있습니다. 무엇을 먹을지, 어떤 옷을 살지와 같은 일상생활의 소소한 결정에서부터 조직의 미래를 좌우할 매우 중차대한 결정에 이르기까지 말이지요. 그런데 어떤 결정은 도통 결론에 이르지 않고 어떤 결정은 매우 쉽게 이루어집니다. 그 결정의 용이함은 도대체 무엇에 기인할까요? 이를 이해하는 것은 꽤나 중요한 문제입니다. 왜냐하면 올바르지 않은 결정보다도 더 나쁜 것이 결정이 제때 제대로 이루어지지 않는 경우이기 때문이죠.

　우리나라에서 거의 매년 발표되는 조사 내용 중 하나가 '같이 일하기 힘든 직장 상사'에 관한 것들입니다. 그리고 그 조사에서 늘 상위권에 포함되는 인물이 바로 '제때 결정을 내려주지 않는 상사' 아닌가요? 아마 이 글을 읽고 계신 많은 분들도 무릎을 치면서 공감하실 것입니다. 엄밀히 따져보면 국가나 기업에서든 아니면 스포츠 경기에서든 리더가 그릇된 결정을 내리지 못해서 발생하는 문제보다 결정 자체를 제때 내리지 못해 문제가 커지는 경우가 훨씬 더 많다는 것을 알 수 있는데요. 그렇다면 우리 함께 생각해 봅시다. 인간은 언제, 그리고 어떤 이유 때문에 제때 결정을 내리지 못하게 될까요?

의외의 곳에 가장 중요한 이유가 존재합니다. 먼저 육체적으로 지쳐 있는 상황에서는 정신적인 활동인 '결정'이 좀처럼 이루어지기 어렵습니다. 결정은 사소한 것일지라도 굉장한 양의 에너지를 순간적으로 소모시키는 정신적 과정이기 때문입니다. 따라서 육체가 지쳐 있는 상태에서는 결정을 내릴 수 있는 정신적 에너지를 지니고 있을 수가 없습니다. 이를 '자아 고갈$_{\text{ego depletion}}$' 현상이라고 하는데요. 육체적이든 정신적이든 어떤 일에 의지력을 쓰게 되면 이후의 무관한 일에 있어서 제대로 할 수 있을 가능성이 떨어지기 마련입니다. 부하 직원에게 언성을 높이고 싶지만 꾹 참고 버틴 상사, 반대로 상사의 긴 질책을 이 악물고 버텨낸 부하

직원 모두는 며칠 전에 끊었던 담배를 자신도 모르는 사이에 손에 들고 있게 됩니다. 이제 더 이상 금연이라는 결심을 지켜낼 의지가 남아 있지 않기 때문이죠.

결론적으로 좋은 결정을 내리고 싶다면 심신이 지쳐 있지 않은 시간을 선택하는 지혜가 필요합니다. 아무래도 에너지가 덜 소진된 오전이 낫겠지요. 늦은 오후에 모여서 아무리 회의를 한들 작은 결정 하나조차 제대로 하지 못하고 이런저런 잡담이나 공허한 대화를 하면서 시간 때우기 일쑤일 테니까요.

19

진정성이 없으면

지난 2020년에 타개한 제너럴 일렉트릭의 회장 잭 웰치_{Jack Welh}는 세기의 경영인으로 불릴 만큼 전 세계 경제계에 강한 영향력을 미쳤습니다. 그는 여러 책과 강연을 통해 수없이 많은 메시지를 남겼지만 『잭 웰치의 마지막 강의』에서 언급한 리더의 진정성은 오늘날에도 우리에게 깊은 영감을 줍니다. 그는 이 책에서 이렇게 말합니다.

"진정성이 빠진 리더십은 아무리 다른 역량이 강화되어 있어도 사상누각일 수밖에 없다."

심리학자가 되고 나서 참으로 많이 받는 질문이 하나 있는데요. 바로 이것입니다. "교수님, 성격이 비슷한 사람끼리 결혼하는 것이 좋을까요? 아니면 다른 사람끼리 해야 좋을까요?"

사실 이 질문은 심리학자들 사이에서도 좀처럼 결론이 나지 않은 이른바 골치 아픈 논쟁거리입니다. '비슷한 성격이 좋다'라는 쪽과 '다른 사람끼리 만나야 좋다'는 쪽이 꽤 팽팽하게 갈려왔죠. 어느 정도 시간이 흐르자, 절반은 비슷하고 나머지 절반은 달라야 좋다는 식의 알맹이가 하나도 없는 주장도 등장했습니다. 하지만 이 어려운 질문도 최근 들어 그 답이 서서히 보이기 시작했는데요. 결론부터 말하자면 성격이 비슷하냐 다르냐는 중요하지 않습니다. 그 기반에 진정성이 있느냐 아니냐가 문제의 핵심이라는 것이죠.

캘거리 대학의 저명한 성격 심리학자인 이기범 교수를 비롯한 많은 연구자들은 인간의 여섯 번째 성격인 정직-겸손성, 즉 진정성에 주목해 왔습니다. 이기범 교수의 흥미로운 연구 중 하나를 예로 들어볼게요. 그는 사람들에게 자신과 가장 친한 친구와 함께 조사에 참여토록 했는데요. 이들은 각자 자신과 상대방의 성격에 대한 여섯 개의 질문에 대답하게 됩니다. 이 질문들은 각각 인간의 기본 성격에 대한 것들로서 얼마나 내(외)향적인가, 성실한가, 우호적인가, 예민한가, 개방(보수)적인가, 그리고 진정성이 있는가입니다. 실험 결과, 참가자들은 상대방의 여섯 개 측면 모두를 매우 정확하게 알고 있는 것으로 나타났습니다. 매우 친밀한 관계니 어찌 보면 당연한 결과일 테죠.

그런데 다음부터는 굉장히 흥미롭습니다. 스스로 판단한 자신의 성격과 자신이 판단한 상대방의 성격 중 서로 일치한다고 답한 두 가지 측면이 있었습니다. 그 둘이 바로 진정성과 개방(보수)성이죠. 다른 네 가지의 성격 요인에 대해서는 상관관계가 거의 없는 것으로 나타났습니다. 다시 말해 외향적인 사람과 내향적인 사람, 예민한 사람과 그렇지 않은 사람이 만나서 좋은 관계를 만드는 경우는 얼마든지 가능하다는 것입니다. 하지만 정직하고 겸손한 정도인 진정성과 새로운 변화를 수용하는 정도인 개방(보수)성만큼은 서로가 비슷해야 가까워질 수 있었습니다. 이를 더 쉽게 설명하자면 진정성과 개방(보수)성에 있어서만큼은 유유상종이라는 뜻이지요.

사실 진정성은 가치관의 문제입니다. 비슷한 가치관으로 인해 가까워진 사이에서 한쪽만 진실성이 높고 다른 쪽은 떨어지면 갈등이 생기기 쉽고 결국 그 관계는 좋은 방향으로 흘러가기 어려워지죠. 그런데 정말 재미있는 것은 진정성 있는 사람은 그런 사람들끼리, 진정성이 떨어지는 사람들 역시 마찬가지의 사람들끼리 뭉친다는 점입니다. 어느 한쪽은 진정성이 있고 다른 한쪽은 그렇지 못하면 관계가 오래 지속되기 어려우니까요.

따라서 사람들의 만남과 관계의 형성, 더 나아가 그 관계의 좋고 나쁨에 대해서는 기본 시나리오와 흐름이 있는 것으로 봐야 합니다. 개방적이거나 보수적인 사람들은 각각 서로 더 쉽게 친밀해질 수밖에 없습니다. 하지만 다른 네 가지 측면은 달라도 되고 비슷해도 무방합니다. 매우 다른 성격을 지닌 사람들이 만났는데 좋은 관계가 이루어지고 있다면 결국 이들은 상보적인 관계를 만들고 있는 셈이니 말이지요. 만약 그 반대로 상당히 동질적인 성격을 지니고 있다면 일종의 시너지 효과 같은 것을 내고 있을 가능성이 큽니다.

결국 문제는 진정성입니다. 관계에서 누구든 이것이 낮으면 불행과 갈등이 시작될 가능성이 크며 관계나 조직이 오래 지속되지 못하죠. 만약 관계를 형성한 모든 사람들의 진정성이 떨어지게 되면 이해관계에 의해서만 뭉쳤다 깨졌다가 반복되는 모래알 같은 집단이 되거나 심한 경우 범죄나 폭력 집단으로 변질될 가능성도 큽니다.

성격을 연구하는 연구자들은 인간의 여섯 개 성격 중 진정성을 제외한 다른 것들은 모두 타고난다는 데 크게 이견을 보이지 않습니다. 하지만 정직, 겸손으로 대표되는 진정성만큼은 어떻게 살아가느냐에 따라 전혀 다른 모습을 보인다고 말합니다. 그래서 정직과 겸손이 어른의 덕목이라 불리는 것이죠. 리더의 진정성이 떨어지면 진정성이 없는 이들이 모이게 되고 결국 최악의 조직으로 망가지게 되죠. 결국 좋은 조직과 나쁜 조직을 가르는 승부는 리더의 진정성이라고 볼 수 있습니다.

편을 가르고 사람을
따돌리는 의외의 이유

    기업을 운영하는 대표님들을 만나 이야기를 나누다 보면 이런 말을 자주 듣게 됩니다.
    "교수님 제가 고민이 하나 있는데요. 저희 조직에 편을 가르고 이유 없이 따돌리기를 반복하는 사람이 있습니다. 도대체 그 사람은 왜 그러는 건가요?"
    학교라면 모를까 성인들이 모여 있는 기업 같은 곳이라면 그다음의 전제 조건이 제 대답을 더 어렵게 만드는데요. 바로 이 말입니다.
    "문제는 그 사람이 조직에 필요하다는 겁니다."

차라리 그 사람이 무능하다면 고민이 덜 될 텐데 조직에 필요하다고 판단되니, 대표의 입장에서는 얼마나 곤혹스러울까요? 그런데 이런 경우는 의외로 굉장히 많은 조직에서 발생합니다. 누군가를 지목해 따돌리고 편을 갈라 외롭게 만드는 사람들은 대체 왜 그런 행동을 하는 것일까요?

다양한 이유가 있겠지만 제가 생각하는 주요 원인은 바로 불안입니다. 인간은 필연적으로 불안을 안고 사는데요. 그중에서도 '고립 불안fear of isolation'이라고 불리는 독특한 유형의 불안이 높은 사람이 자신의 불안에 대처하는 그릇된 방식 중 하나로 타인을 고립시키는 행동을 강하게 나타내거든요. 그렇다면 타인을 괴롭히는 이 고립 불안이라는 녀석의 정체는 무엇일까요? 심리학에서는 '주위의 사람들로부터 고립되거나 배척당할 것을 염려하고 걱정하는 경향과 그 정도'로 정의됩니다. 따라서 고립 불안이 높은 사람들은 주위의 타인들이 자신을 부정적으로 평가할까 봐 늘 걱정한다는 거죠.

타인의 시선에서 완벽하게 자유로운 사람은 거의 없을 것입니다. 하지만 불안이 그 사회나 집단의 평균적인 수준보다 현격하게 높다면 이는 분명 문제를 일으킬 수 있는 요소가 되는 것이지요. 실제로 고립 불안이 높은 사람이 타인의 부정적 평가를 받게 되면 그 원인을 해석하는 데 있어서도 상당 부분을 고립에 두려고 한다는 점에 주목할 필요가 있습니다. 자신의 언행이나 일을 해내는 능력 때문이라기보다는 자신이 평소 고립되어 있거나 비주류기 때문에 인정과 긍정적 평가를 받지 못한다고 생각하는 경향이 강하다는 거죠.

고립 불안은 문화적으로도 차이가 나는데요. 개인주의적 성향이 강한 서양보다 동양 문화권에서 상대적으로 높게 나타나기 때문입니다. 특히 한국인들은 부정적 평가를 받으면 그 이유의 상당 부분을 평소 사회적 네트워크가 좋지 못하기 때문이라고 생각하는 경향이 가장 강하다고 알려져 있습니다.[8]

그렇다면 고립 불안을 감소시키는 방법에는 어떤 것들이 있을까요? 타인을 배려하고 수용하면서 그들과 좋은 관계를 유지하려고 노력하는 것입니다. 하지만 상당수의 사람들이 내가 고립되기 전에 주류 그룹을 만들고, 그 그룹에 속해 있지 않다는 이유만으로 상대방을 고립시키는 어리석은 방법을 택합니다. 내가 고립되는 것을 막고 타인으로부터 부정적 평가를 원천봉쇄한다고 착각하는 것이지요.

편 가르고 사람을 따돌리는 것은 당연히 막아야 할 나쁜 행위입니다. 하지만 명시적인 지시나 규칙만으로는 이를 막기 어렵다는 것을 우리 모두는 다 알고 있죠. 가장 근본적인 해결책은 그 사람의 높은 고립 불안을 감소시켜 주는 일일 텐데요. 그런데 이 감소가 의외의 방법을 통해 가능하다는 사실 아시나요? 그 의외의 방법이라는 것이 그 사람을 강하게 구속해 주는 것입니다. 무슨 엉뚱한 이야기인가 하실지 모르겠지만 실제로 꽤 강한 효과를 발휘하는 경우가 많습니다. 자신의 부하에게 강한 구속력을 행사하는 스타일의 리더에게 고립 불안이 높은 사람을 맡기면 따돌리기나 편 가르는 행동이 말끔하게 사라지는 게 여러 연구를 통해 밝혀졌는데요. 자신을 강하게 다스리고 구속하는 리더를 만나면 그로 인해 소속감이 상승하면서 고립 불안 역시 상당 부분 해소되기 때문이죠. 심리학자들은 이를 두고 거래형 리더십의 역설적 효과라고 부릅니다. 물론 이 방식은 현대인들이 선호하는 자율적 리더십과는 다소 거리가 멉니다. 하지만 불안이 강한 사람일수록 타인 혹은 사회가 오히려 자기를 어느 정도 구속해 주기를 원하는 경우가 많으니 따돌림과 편 가르기가 빈번히 일어나는 조직이라면 한 번쯤 고민해 볼 필요가 있는 방법일 것입니다. 단 이 경우 문제를 일으키는 조직원이 조직에 반드시 필요하다는 전제가 있다는 것도 기억해 주세요.

정직한 사람이
가장 욕심 많은 사람

정직한 사람을 싫어하는 분들 계신가요? 누군가의 인품에 대해 논할 때 정직을 최고의 미덕으로 꼽는 분들도 많으실 텐데요. 반면 이기심은 지양해야 할 마음이라고 생각하실 겁니다. 물론 저 역시 정직함의 가치와 이기적인 행동의 문제점을 부인할 생각은 조금도 없습니다. 하지만 정직한 사람은 이기적이지 않다거나, 이기적인 사람은 부정직하다는 단순한 공식 역시 성립하지 않는다는 사실을 명심할 필요가 있습니다. 즉 정직의 반대가 이기심이 아니며 이 둘은 언제든 한배를 탈 수도 있다는 뜻이지요. 게다가 누군가의 마음에서 이 둘의 검은 결탁이 이루어지면 주위에 있는 사람들이 그 어떤 경우보다도 더 큰 피해를 입을 수 있다는 사실도 꼭 기억해야 합니다.

선뜻 이해가 되지 않으신다고요? 이런 내용에 대해 절묘한 연구를 펼친 시카고 대학의 엠마 레바인Emma Levine 교수를 통해 좀 더 자세히 알아봅시다.[9] 레바인 교수의 연구에 참가한 사람들은 이른바 보상 결정 게임을 수행하게 됩니다. 이 게임의 핵심은 참가자가 자신과 자신의 파트너 각각에게 주어질 보상의 양을 매번 결정하는 데 있습니다.

연구진은 첫 번째 실험에서 참가자들에게 세 가지 옵션을 부여하게 됩니다. 기본 옵션은 각 플레이어가 균등하게 0.25달러를 받는 것입니다. 두 번째 옵션은 꽤 이기적입니다. 이 옵션을 선택하면 참가자는 0.5달러를 받지만 파트너는 0.05달러만을 받을 수 있습니다. 세 번째 옵션은 두 번째 옵션과는 반대로 이타적입니다. 참가자가 0.05달러를, 자신의 파트너는 0.5달러를 받을 수 있죠. 자, 실험 결과는 어떻게 되었을까요? 참가자들의 단 5%만이 이타적 옵션을 선택했습니다. 나머지인 기본과 이기적 옵션이 선택된 비율은 45~48% 정도로 거의 비슷했죠. 각 옵션이 선택된 비율을 잘 기억해 놓으실 필요가 있습니다. 왜냐하면 다음 실험에서 놀라우면서도 흥미로운 반전이 나타나기 때문입니다.

연구진은 두 번째 실험에 약간 더 복잡한 규칙을 추가했습니다. 참가자들에게 컴퓨터 추첨을 통해 나온 1~9 사이의 수를 알려주게 되는데요. 그 수가 홀수면 참가자들은 이기적 옵션을, 짝수면 이타적 옵션을 선택할 수 있는 기회를 각각 가지게 됩니다. 그런데 그 옵션이 이기적이든 이타적이든 어쨌든 선택을 하기 위해서는 추첨 결과로 나온 수를 상대방에게 알려줘야 합니다. 즉 진실을 자신의 파트너에게 알려야 한다는 것이지요. 하지만 어떤 수를 컴퓨터가 뽑았는지를 말하지 않는다면 참가자들은 기본 옵션을 선택할 수 있게 됩니다. 물론 컴퓨터가 선택한 수를 정직하게 이야기하지 않고 거짓으로 파트너에게 이야기해서 이익을 취할 수도 있습니다. 얼굴에 철판을 깔고 말이지요.

결과는 매우 놀라웠습니다. 컴퓨터 추첨으로 나온 수가 홀수인 경우(내가 상대방보다 더 많은 금액을 갖게 되는 것)에는 75%나 되는 사람들이 상대방에게 그 수를 솔직히 말했습니다. 즉 정직을 택한 것이지요. 하지만 그 결과에서 보자면 큰 이득은 자신이 취하고 상대방의 입장에서는 피해가 됩니다.

반면 짝수가 나왔을 때(상대방이 자신보다 더 많은 금액을 갖게 되는 것)는 단 18%만이 진실을 얘기했습니다. 심지어는 컴퓨터가 뽑은 수가 짝수가 아니라고 아예 거짓말을 한 사람도 무려 39%에 달했죠. 나머지 43%의 사람들은 아무 말도 하지 않고 기본 옵션을 선택해 자신과 상대방 모두 같은 금액을 받게 했습니다.

이 결과는 무엇을 의미할까요? 사람들은 자신에게 유리한 결과가 예상될 때와 그 반대일 때 정직함에 있어서 극명하게 다른 반응을 나타낸다는 것입니다. 게다가 사람들은 더 많은 돈을 받는 것을 정당화하기 위해 진실을 말할 기회를 매우 적극적으로 사용했습니다. 정직할 수 있는 기회 자체가 없는 첫 번째 실험에서는 이기적 옵션을 선택한 사람이 45%에 불과했지만 자신의 큰 이익을 위해 정직할 수 있는 기회가 주어지니 그 비율은 75%로 급상승한 것을 보면 알 수 있죠.

언젠가부터 우리 사회에서는 '선택적 분노'라는 표현이 자주 사용됩니다. 마땅히 분노해야 할 일들이지만 이해관계상 자신에게 불리하게 되면 침묵하는 현상을 꼬집는 말이지요. 그런데 레바인 교수의 연구 결과를 보면 '선택적 정직'도 얼마든지 성립이 가능합니다.[10] 타인의 피해와 자신의 이득을 정당화할 수 있을 경우에만 정직해지는 위선적인 자들이 많이 존재한다는 사실을 알 수 있는 대목이지요. 그러므로 어떤 사람이 정직하다고 해서 그가 이타적이거나 최소한 이기적인 사람이 아닐 것이라는 순진한 생각은 버려야 합니다. 자신의 이득이 눈앞에 있고 정직함이 그 이득을 취하는 것에 도움되는 경우에만 남 보란 듯 정직을 뽐내는 사람들이 얼마든지 있을 수 있기 때문입니다.

갑자기 낯이 뜨거워지고 찔리는 구석이 있는 걸 보니 저에게 최소한의 양심은 남아 있는 모양입니다.

22

성격은 바뀔 수 없지만
인품은 변한다

가끔 '더도 말고 덜도 말고 중간만 해라'든가 '현상 유지만 하자'라는 식의 말을 주고받는 경우가 있습니다. 굳이 변화하려고 하지 말고 지금 이 상태를 그대로 놔두자는 얘기인데요. 하지만 세상이 늘 변하듯이 우리 자신들도 결국 바뀌어야 합니다. 혹자가 이렇게 말하지 않았겠어요? "세상에서 유일하게 변하지 않는 것은 모든 것은 바뀐다는 법칙이다"라고 말이죠. 그리고 그 변화는 당연히 긍정적인 방향을 향해야 합니다. 하지만 제 개인적인 의견으로는 성격 같은 타고난 것을 바꾸는 일은 거의 불가능에 가깝다고 생각합니다. 그렇다고 포기할 수는 없지요. 우리가 바꿀 수 있는 것에는 무엇이 있는지 아는 것도 중요할 테니까요.

퀴즈를 하나 내보겠습니다. 인간이 가장 쉽고 빠르게 불행해지는 방법은 무엇일까요? 그렇습니다. 바꿀 수 없는 것을 바꾸려고 할 때입니다. 반면에 인생을 가장 허무하게 흘려보내는 사람은 바꿀 수 있는 것을 그대로 놔두는 사람입니다.

다시 말하지만 성격과 같이 타고난 부분은 바꿀 수 없습니다. 하지만 자신의 성격으로 인해 나오는 부정적 행동은 바꿔야 합니다. 그런데 변화를 만들어낼 수 있는 이런 부분들을 그대로 방치하면 어떤 일이 일어날까요? 결론부터 말하자면 그 대상이 개인이든 조직이든 퇴행과 퇴보가 일어나고 맙니다.

여기 매우 의미심장한 연구가 있습니다. 미국 서던 메소디스트 대학의 심리학자 네이서 허드슨_{Nathan W. Hudson} 교수 연구진은 일리노이 대학과 미시건 주립 대학 학생 377명을 대상으로 5요인_{Big-5} 성격 검사를 실시했습니다. 5요인 성격 검사란 인간의 판단과 행동을 가장 잘 예측하는 것으로 알려진 다섯 개 요인을 측정하는 검사로서 개방성, 성실성, 외향성, 우호성, 그리고 신경증적 경향성이 여기에 해당되는데요. 참가자들에게 자신이 가장 바꾸고 싶은 성격이 어느 것인지 묻자 대부분의 참가자들은 외향성과 신경증적 경향성을 지목했습니다. 이것이 무슨 뜻일까요? 자신의 소극적이면서도 속 좁은 측면을 변화시키기 원했다는 것입니다.

이후 연구진은 각 참여자들에게 자신이 바꾸고 싶은 측면의 변화를 위한 실천 과제를 각각 50개씩 제시하고 이 중 네 개를 골라 실천하게 했습니다. 전문가들에 의해 설계된 이 실천 과제들은 다양한 난이도를 갖고 있었는데요. 예를 들어, 계산대에서 점원에게 "안녕하세요"라고 명랑하게 인사하는 간단한 일에서부터 평소 가깝지 않은 동료나 이웃에게 저녁 식사를 제안하는 꽤 어려운 것 등 말이지요. 성격 검사와 실천 과제 수행은 15주 동안 계속됐습니다. 이후 어떤 결과가 관찰됐을까요?

첫 번째 결과는 지극히 상식적입니다. 참가자들은 실천 과제를 충실히 이행할수록 점점 더 자신이 원하는 방향으로 성격의 변화가 일어나는 것 같다고 답했습니다. 하지만 이는 성격 자체가 바뀌었다기보다는 자신이 원하는 성격 측면에 해당되는 행동을 점점 더 수월하게 하고 있다고 보는 것이 타당합니다. 더 쉽게 말하자면 자신이 원하는 행동을 하고 있다는 뜻이지요.

두 번째 결과는 다소 놀랍습니다. 이러한 긍정적 변화가 실천 과제의 난이도에 크게 영향을 받지 않는 것으로 나타난 것인데요. 어려운 과제를 하나 수행한 것보다 쉬운 과제라도 여러 개를 성공적으로 완료한 경우에 변화가 두드러지는 것으로 나타났습니다. 이래서 심리학자들은 크기보다 빈도가 중요하다는 말을 늘 하곤 한답니다.

세 번째 결과는 더욱 놀랍습니다. 작은 실천 과제라 하더라도 충실히 이행하지 않으면 고치고 싶은 성격이 더욱 고착화되는 것으로 나타났기 때문이지요.

이러한 결과들이 무엇을 의미하는지 생각해 봅시다. 먼저 타고난 성격은 잘 변하지 않는다는 것이고, 자기 성격의 장점을 보여주느냐 아니면 단점을 보여주느냐는 어떻게 사느냐에 전적으로 달려 있음을 알려줍니다. 그래서 성격은 변하지 않아도 인품은 변한다는 말을 심리학자들이 하는 것이죠. 작은 변화들을 지속적으로 실천할 때 우리는 자신의 장점을 살리고 단점을 보완하게 됩니다. 우리가 아는 원숙하고 사회성 높은 사람들이 바로 여기에 해당하는 것이지요. 기억하세요. 성격은 바꿀 수 없지만 인품은 스스로 만들어갈 수 있습니다.

23

매파와
비둘기파의 싸움

뉴스에 조금이라도 관심이 있는 분이라면 매파와 비둘기파라는 말을 들어본 적 있을 것입니다. 경제에서는 물론이고 정치, 종교, 비즈니스에 이르기까지 이 말은 매우 다양한 분야에서 쓰이는데요. 매파라는 단어를 처음 사용한 사람은 미국의 3대 대통령 토머스 제퍼슨Thomas Jefferson으로 알려져 있습니다. 하지만 실제로 이 용어가 우리에게 친숙하게 쓰이게 된 것은 1960년대 베트남 전쟁이 한창이었을 때죠. 전쟁을 계속하자는 매파와 외교적 수단을 병행해 사용하자는 비둘기파로 미국의 여론이 양분되었기 때문입니다. 이렇게 설명하니 매파와 비둘기파가 서로 충돌하는 의견을 내놓는 것으로 단순히 생각하기 쉽겠지만 여기에는 또 다른 중요한 점이 있습니다. 결국 둘이 '같은 편'이기 때문에 이렇게 둘로 나뉠 수 있다는 점이지요.

역사적으로 보면 강경론과 온건론으로 나뉘는 이 두 집단 사이에서 더 많이 이기는 쪽은 매파입니다. 그것도 매우 거칠게 압도하죠. 비둘기파가 현실적으로 훨씬 더 타당한 입장과 해결책을 지닌 경우가 많음에도 불구하고 왜 매파가 승리하는 일이 반복될까요? 그리고 이는 어떤 결과를 초래할까요? 이 질문에 매우 절묘한 대답을 던져주는 연구자를 만나봅시다.

미국 다트머스대학의 주디스 화이트Judith B. White 교수 연구팀은 규칙을 준수하고 가치를 고수하는 데 있어서 훨씬 더 엄격한 매파와 상대적으로 더 타협적인 입장을 지니고 있는 비둘기파를 다양한 분야에서 비교 관찰했습니다.[11]

일상 속에서 매파와 비둘기파를 찾자면 '비건Vegan'과 '베지테리언Vegetarian' 그룹을 들 수 있을 텐데요. 전자는 달걀, 유제품을 포함한 동물성 식품을 전혀 먹지 않는 완전 채식주의자 집단인 반면 후자는 채식 위주의 식단을 즐기지만 유제품과 생선 등 자신이 먹어도 괜찮다고 생각하는 식품도 섭취하는 이른바 온건한 채식주의자이기 때문입니다.

연구진은 이 두 그룹이 상대방에게 어떤 생각을 지니고 있는가를 비교했습니다. 결과는 매우 흥미로웠죠. 비건 그룹이 베지테리언 그룹에 대해 지니는 적대감은 베지테리언 그룹이 비건 쪽에 대해 가지고 있는 것보다 거의 세 배 가까이 높은 것으로 나타났기 때문입니다. 즉 비둘기파가 매파를 미워하는 것보다 훨씬 더 강하게 매파가 비둘기파를 미워하는 것으로 드러난 것이죠. 대체 왜 이런 현상이 일어나는 걸까요?

일반적으로 사람들은 자신과 유사한 가치관이나 견해를 지니고는 있지만 상대적으로 더 느슨하고 타협적인 자세를 지닌 쪽을 훨씬 더 싫어합니다. 실제로 철저한 내숭쟁이는 자신과 다른 솔직하고 털털한 성격의 사람보다 적당히 내숭 떠는 사람을 탐탁지 않게 여기는 경향이 훨씬 더 높습니다. 같은 아랍권임에도 불구하고 강경한 시아파가 주축인 이란이 온건한 수니파를 기반으로 한 사우디아라비아를 가장 미워하는 것처럼 말이지요. 더욱 흥미로운 점은 상대방 쪽과 우리 쪽을 다 합쳐도 전체 사회에서는 소수집단이거나 특별한 그룹일 경우에 이러한 경향성이 더더욱 강하게 나타난다는 점입니다. 그 이유는 다수가 아닐수록 자기의 신념과 가치를 지키는 데 훨씬 더 충실하고 조금이라도 자신과 다른 행보를 보이는 상황에 민감해지기 때문이죠. 이를 조금만 응용해 보면 조직의 운영과 관리에 매우 중요한 실마리를 찾아볼 수 있지 않을까요?

우리는 누구나 자신의 정체성을 가지고 싶어 하고 지키고 싶어 합니다. 그런데 자신의 정체성에 기본적으로 동의하지만 기대에 미치지 못하거나 느슨한 경우에는 엄격하게 지키려는 쪽이 굉장히 큰 반감을 가지기 쉽죠. 조직을 운영할 때도 이 점을 유념해야 합니다. 매파가 주도권을 잡아가고 득세하는 이유가 단지 그들이 비둘기파를 몇 배 더 증오하기 때문이라면 합리적 의사결정에 결코 다다를 수 없기 때문인데요. 사회든 조직이든 더 많은 적대감을 가지고 있는 사람들에 의해서 결정되는 일들이 대체로 합리적이지 않다는 걸 기억하시기 바랍니다. 자칫 우리 모두를 파국에 이르게 할 수 있다는 사실도 함께 말이지요.

날씨의 심리학

날씨와 심리의 관계는 오랜 시간 동안 심리학자들의 주요한 연구 과제였습니다. 그런데 그동안 대부분의 연구는 주로 기분이나 정서에 국한되어 왔죠. 하지만 이는 정말 큰 착각입니다. 이성과 논리를 사용해야 하는 이른바 '결정'의 순간에도 날씨는 조용하지만 강력한 영향력을 행사해 왔기 때문입니다.

날씨에 영향을 받는 것은 인간이 바보라서가 아닙니다. 오히려 고등생물이기 때문에 가능한 일이죠. 왜냐하면 지적 수준이 높다는 것은 주위의 다양한 상황적 단서들을 자신의 생각과 행동에 반영할 수 있다는 뜻이기 때문입니다. 따라서 날씨와 같이 인류 진화 역사상 가장 중요한 요인의 영향을 전혀 안 받는다는 것은 오히려 매우 단편적인 사고를 하고 있다는 이야기도 됩니다. 그리고 이런 가정을 하게 되면 단순히 날씨를 좋다 혹은 나쁘다는 식으로 이야기하기보다는 각각의 날씨 종류에 따라서 적합한 생각의 방식이 따로 있을 것이라는 추론이 가능해집니다. 그리고 여러 심리학 연구들을 종합해 봤을 때 이는 정확한 사실입니다. 그렇다면 날씨에 따라 어떤 판단과 결정을 하는 것이 유리할까요?

호주 시드니 교외 잡화점에서 두 달간 매일 오전 11시부터 4시 사이에 방문한 고객들을 대상으로 관찰연구를 수행한 사람이 있습니다. 심리학자 요셉 포가스Joseph Forgas 교수인데요. 두 달에 걸친 장기간 연구니 당연히 다양한 날씨들이 포함됐습니다. 상황은 이렇습니다. 가게 계산대에는 볼펜, 병따개, 동물 피규어, 저금통 등 다양한 물건들이 진열되어 있었고 연구진은 사람들이 쇼핑을 마치고 나왔을 때 각 물건들에 대해 얼마나 기억하고 있는가를 측정했습니다. 그날의 날씨와 함께.

그 결과 매우 흥미로운 차이들이 관찰됐는데요. 날씨가 안 좋은 날일수록 사람들은 진열대에 있는 물건들에 대해 더 정확하게 기억한 것이죠. 그 이유는 무엇일까요? 날씨가 좋지 않은 날에 사람들의 감정은 당연히 처져 있을 가능성이 크겠지요? 이로 인해 외부의 환경보다는 상품 자체에 더 주의를 기울일 수 있었고 그 결과 세부적인 것까지 기억할 수 있었던 것입니다. 더 재미있는 것은 잘못된 기억의 양도 날씨가 나쁜 날에 더 많았다는 것인데요. 집중력이 높아짐에 따라 정확한 기억과 잘못된 기억의 양 모두가 증가했기 때문입니다.

인간이 무언가에 집중한다는 것은 집중력 자체에만 의존하는 것이 아닙니다. 그 대상으로부터 주위를 분산시키는 다른 요인에 대한 억제를 필요로 하게 되죠. 나쁜 날씨가 외부에 주의를 빼앗기는 것을 막아주는 동시에 지금 보고 있는 대상에 대한 집중력을 더 좋게 만드는 결과를 만들어낸 것입니다.

심지어 화창한 지역보다 날씨가 궂은 지역에서 동일한 시험을 본 학생들의 점수가 더 좋게 나오는 결과가 관찰되기도 합니다. 물론 화창한 날씨가 일이나 기억에 무조건적으로 부정적인 영향을 미치는 것은 결코 아닙니다. 이럴 때는 구체적인 시각보다는 거시적인 관점을 필요로 하는 일이 잘 된다는 연구들이 다수 존재하기 때문이죠. 이러한 결과들 역시 마찬가지의 이유로 설명이 가능합니다. 왜냐하면 좋은 날씨로 인한 긍정적 기분이 주위 맥락과 여건에 대해 더 고려하도록 만들기 때문이죠. 따라서 어떤 사안의 가치를 큰 틀에서 고려해야 할 때에는 맑은 날씨일 때, 구체적인 것도 놓치지 말아야 할 때는 흐린 날을 선택해 회의의 주제로 삼아보면 어떨까요? 어떤 날씨든 천재지변에 해당하는 경우만 아니라면 그날에 맞는 일은 따로 다 있습니다. 의미 없는 날은 없다는 얘기지요.

25

워라밸을
이야기하기 전에

언제부턴가 워라밸이라는 말이 자주 쓰이고 있습니다. 다양한 의미를 담고 있지만 워라밸의 가장 주요한 의미는 일과 나의 생활에 적절한 조화를 찾는 일이겠지요. 이러한 조화를 조직 구성원 사이의 관계로 확대해 보면 서로의 가정사나 개인사에 관한 문제를 어떻게 그리고 어디까지 받아줘야 하는가에 관한 문제가 됩니다.

물론 정답은 없습니다. 그리고 개개인마다 가치관도 다르겠지요. 어떤 사람은 가정이 평화로워야 일도 잘 된다는 생각을 강하게 가지고 있는 반면에, 직장은 엄연히 일을 하는 곳이고 사적인 일에 대한 개입은 최소화해야 한다는 여기는 분들도 있기 마련이니까요.

하지만 심리학자들의 결론은 명확합니다. 직장의 상사는 부하의 가정사나 가족적 문제를 어느 정도 나눌 수 있는 사람이어야만 한다고요. 이를 '가족 친화적 상사의 지원Family Supportive Supervisor Behaviors; FSSB'이라고 부르는데요. 실제로 많은 연구 사례들이 가족 친화적 상사와 함께할 때 장기적인 목표 달성이 가능해지고 더욱 긴밀한 협동이 이루어지는 것으로 나타났습니다.

직장과 가정 둘 중 어느 하나만 택해 몰입하고 다른 쪽은 거의 관심을 가지지 않는다는 것은 장기적으로 개인과 조직 그리고 가정 모두에 좋지 않은 결과를 초래할 가능성이 높습니다. 게다가 현대사회에는 단기간에 성과를 내기 어려운 일이 많죠. 여러 사람이 모여 오랜 시간 협업을 통해 목표를 이뤄나가는 과정이 반드시 필요하다는 것입니다. 만일 조직이 성장하는 단계에 있다면 협력의 중요성은 더욱 커질 수밖에 없습니다.

그렇다면 가족 친화적 상사의 지원은 어떻게 달성할 수 있을까요? 가족 친화적 상사의 지원에는 네 가지 구성 요소가 있는데, 이들 사이의 순서도 매우 중요합니다. 먼저 그 구성 요소들부터 알아볼까요? 첫째, 정서적 지원입니다. 부하직원들의 가정에 힘든 일이 있을 때 그 문제를 들어주며 공감해 주는 역할이 여기에 해당하죠. 둘째, 도구적 지원입니다. 예를 들어, 가정의 긴급한 사안으로 불가피하게 업무를 할 수 없게 되는 경우 상사에게 도와달라고 말을 할 수 있고 실제로 도와주는 것을 의미합니다. 셋째는 롤 모델입니다. 상사 스스로가 직장과 가정생활 양립이 가능하다는 것을 보여주어야 한다는 뜻입니다. 넷째, 소속된 부서나 팀이 서로 협동적이어야만 합니다. 직장 내의 특정한 누군가가 배제되지 않고 함께 성과를 내야 함을 의미하죠. 네 번째는 구성 요소라기보다는 최종적으로 지향해야 하는 바에 가깝다고 볼 수도 있습니다.

그렇다면 이 구성 요소들의 순서가 중요하다는 것은 또 어떤 의미일까요? 첫 번째와 두 번째 요소의 순서가 바뀌어야 한다는 것이 핵심입니다.[12] 즉 도구적 지원이 정서적 지원에 앞서야 한다는 것인데요. 더 쉽게 말하자면, 직장과 가정에 어떤 갈등 요소가 생겼을 때 일단 간단한 것부터 도와주고 지원해 줄 필요가 있다는 뜻입니다. 예를 들어 설명해 보겠습니다.

여러분은 다섯 살 아이를 키우는 워킹맘입니다. 아이가 놀이터에서 놀다가 다치는 바람에 급하게 집에 가봐야 하는 상황이 되었습니다. 남은 네 시간 동안 상사가 여러분의 일을 대신 처리해줘야 하는 것이죠. 사실 말을 꺼내는 것 자체가 쉽지 않은 일이지만 여러분은 용기를 내서 상사에게 이야기했습니다. 이때 각각 다르게 반응하는 두 종류의 상사가 있다고 상상해 봅시다.

상사 1 : (하던 일을 멈추고 눈을 맞추며) 어머, 아이는 어때? 많이 다친 건 아니고? 그나저나 요즘 다른 힘든 일은 없어? 요즘 안색이 별로 안 좋은 거 같은데 무슨 일 있는 거야?

상사 2 : 집에 바로 가봐야겠네? 오케이. 내가 다섯 시간 정도는 백업할 수 있을 것 같아. 그런데 내일은 나도 일정이 있어서 곤란해. 얘기 끝났으면 어서 가봐.

여기서 상사 1은 정서적 지원을, 상사 2는 도구적 지원을 의미합니다. 겪어본 분들은 아시겠지만 상사 1보다 상사 2에게 더 고마움을 느끼게 될 것입니다. 구성 요소의 순서가 중요하다는 의미가 바로 여기에 있습니다. 도구적 지원이 정서적 지원보다 우선시되어야 한다는 의미죠. 만약 이 순서가 바뀌면 모든 것을 터놓고 이야기했는데 사소한 것도 도와주지 않는다는 식의 오해가 발생하거나 상사가 당혹감을 느낄 수도 있습니다.

또한 도구적 지원이 선행될 때만이 상사와 부하 사이에서 해줄 수 있는 것과 없는 것, 그리고 부탁할 수 있는 것과 없는 것에 대한 경계선이 만들어질 수 있습니다. 이것이 어느 정도 명확해진 뒤에는 서로 감당할 수 있는 선에서 허물없는 대화가 가능해집니다. 또 그 과정을 통해 리더나 상사 역시 직장과 가정 간에 균형과 조화를 추구할 수 있는 사람임을 점차적으로 보여줄 수 있고, 이러한 조직 문화가 자리 잡을 때 창조적이고 혁신적인 기업으로 거듭날 수 있겠죠.

근본적인 질문으로 다시 돌아가볼까요? 일과 가정의 조화는 왜 중요할까요? 인간은 한 분야에서 얻은 에너지로 다른 분야의 역경을 이겨내기 때문입니다. 인간의 정신적 에너지도 일종의 감정이고 감정은 쉽게 전염됩니다.

워라밸도 그렇게 이해되어야 합니다. 종로에서 뺨 맞고 한강에서 눈 흘긴다는 말처럼, 종로에서 만든 에너지를 한강에서 쓸 수도 있기 때문이죠. 어느 한쪽을 줄여 다른 한쪽을 위하는 개념이 아니라 한쪽에서 만들어진 에너지로 다른 쪽을 강화시키는 일종의 확산적 에너지 생성 개념으로 워라밸을 이해한다면 조화와 균형을 이루는 삶에 한 걸음 다가설 수 있지 않을까요?

26

회사 내 빌런을
없애려면

'○○ 기업의 김 모 회장, 수행 비서에게 갑질해 논란'

'○○시 고위 공무원, 평소 직원들에게 욕설을 일삼은 것으로 드러나'

'운전 기사에게 갑질한 재벌 2세 누구?'

잊을 만하면 한 번씩 언론에 대서특필되는 주제입니다. 사회든 개별 조직이든 리더는 항상 존재합니다. 그런데 간혹 자신의 지위를 악용해 약자를 괴롭히고 안하무인으로 행동하는 리더의 이야기를 종종 듣게 되는데요. 이런 일이 발생하면 리더 개인의 문제가 아니라 그가 속한 집단에 어마어마한 손실을 남기게 되는 경우가 많습니다. 그들도 이런 문제를 모르는 게 아닐 텐데 대체 왜 이런 실수를 범하는 것일까요?

심리학, 그중에서도 사회 심리학 분야에서는 이 권력이라고 하는 것에 대해 꽤 오래전부터 연구를 진행해 왔습니다. 영어로는 파워Power라는 매우 직관적인 일상 용어로 번역되는 권력權力의 사전적 의미는 '남을 자신의 뜻대로 움직이거나 지배할 수 있는 공인된 힘'이죠. 여기서 주목해야 할 포인트는 '공인'되었다는 데 있습니다. 이는 객관적으로 인증되었음을 의미하며 실제로 정치학을 비롯한 다양한 분야에서는 이 객관성에 대한 시각의 차이 혹은 관점이나 정당성에 대해 많은 연구를 해왔죠. 반면 심리학자들은 주관적인 측면에 더 초점을 맞추는데요. '권력' 자체가 아니라 내가 얼마나 권력을 가지고 있느냐에 대한 주관적 느낌인 '권력감'을 연구한다는 뜻입니다.

앞서 살펴본 이른바 갑질 논란은 자신의 권력보다 권력감이 커졌을 때 발생합니다. 이렇게 되면 나는 다른 사람에게 영향력을 행사할 수 있지만 다른 사람들은 나에게 영향력을 행사할 수 없을 것이라는 생각을 점점 더 강하게, 일반화하기 때문이죠. 그리고 그것이 터져 나오는 순간, 돌이킬 수 없는 결과를 낳고 맙니다.

그렇다면 이제 남은 것은 하나입니다. 바로 어떻게 하면 주관적 권력감이 계속해서 커지는 일을 막을 수 있느냐겠지요. 답은 의외로 간단합니다. 불안정성을 부여해야 하죠. 권력감이 계속해서 적정 수준 이상으로 커지는 결정적 이유는 리더, 즉 권력자가 모든 상황에서 권력감을 느끼는 안정적인 구조에 있습니다. 물리적 공간과 만남의 특징을 막론하고 자신이 겪는 거의 모든 상황에서 고高권력자임을 계속해서 느끼게 되면 자신의 말과 행동에서 자제력을 잃는 수준이 아니라 그 자체가 필요 없다는 결론에 도달하고 맙니다. 이 상태에 이르게 되면 자신의 내적인 불편감이나 욕구, 더 나아가 타고난 기질적인 측면들을 자제할 수 있는 안전장치를 대부분 상실하게 되고 이렇게 족쇄가 풀린 상태가 반복되면 전혀 상식적이지 않은 말이나 행동이 불쑥 나오는 것이지요.

그래서 저는 창업을 해서 꽤 큰 기업으로 일궈낸 이른바 성공한 친구나 고위직에 몸 담고 있는 선후배들에게 꼭 동창회를 나오라고 권합니다. 이유는 간단해요. 동창회에서 만난 친구들과는 수평적 호칭과 말투를 쓰기 때문입니다. 행여 후배를 만난다고 하더라도 전혀 나의 권력, 권력감과 맞아 떨어지지 않습니다. 즉 동창회에서 마주하는 모든 상황이 나의 권력감에 불안정성을 부여하는 것이죠.

이보다 더 좋은 방법도 있습니다. 스스로를 특정 분야의 초보로 만들어 권력감 따위를 못 느끼게 하는 것입니다. 완전히 새로운 것을 공부하게 되면 그 분야에서만큼은 완벽한 저(低)권력자가 됩니다. 따라서 권력감의 안정성이 완전히 깨지게 되죠. 평소 이런 경우를 수시로 만들어놓아야만 권력감에 취해 자제력을 발휘하지 못하는 경우를 미연에 방지할 수 있게 됩니다.

우연이 우연이 아닌 이유

우리가 살아가면서 얻은 성취와 성공은 온전히 자신의 힘만으로 이룬 것일까요? 당연히 아닙니다. 성취로 향하는 과정에서 우리는 참으로 많은 변수들을 마주하게 됩니다. 그중 하나가 주위로부터 받은 도움들인데요. 만약 이를 인정하지 않으신다면 스스로의 양심을 되돌아볼 필요가 있습니다.

우리는 성취를 이룬 후에 겸손한 표현으로 '귀인을 만났다', '운이 정말 좋았다', '하늘이 도왔다'라고 표현하기도 합니다. 사실 우리들이 이루는 대부분의 성공은 애초에는 염두에 두지 않았고 예상치도 못했던, 즉 우연한 도움들이 맞습니다. 게다가 대단하고 위대한 업적들일수록 실제 그 과정에서 '우연한' 도움과 조언들이 그것도 '우연한' 시점에 더 많이 이뤄졌을 가능성이 높습니다. 물론 소박한 우리의 일상적 삶과 일에서도 이러한 우연성은 거의 언제나 강력한 요인으로 작용해 왔죠.

그런데 이렇게 다양한 우연한 도움들을 우리 조직에서 구성원들이 서로 주고받는다면 어떨까요? 더할 나위 없이 긍정적인 발전이 가능할 것입니다. 말 그대로 언제나 운이 좋은 이른바 '행운의 팀'이나 '신이 돕는 조직'이라는 말을 주위로부터 들을 수도 있으니 말이죠. 지금부터 그 비법을 알려드리겠습니다. 생각보다 간단합니다. 비밀은 바로 '연대감'입니다.

독일 막스 플랑크 연구소의 해리엇 오버Harriet Over 교수와 영국 카디프 대학의 말다나 카펜터Malinda Carpenter 교수 연구진은 아주 간단한 연대감이 어떻게 우연한 도움을 만들어내는지를 매우 구체적으로 보여주었는데요.[13] 연구진은 실험 참가자 중 절반에게 서로 가까이 서 있는 사람들을 찍은 사진을 보여주었습니다. 쉽게 말해 가족사진과 같이 서로 밀착해 찍은 단체 사진이죠.

반면 나머지 절반의 참가자들에게는 혼자 서 있는 사람들을 찍은 사진들을 보여주었습니다. 그런데 이 실험에 사용된 단체 사진은 사실 개개인을 찍은 사진들의 합성본입니다. 요약하자면 첫 번째 그룹은 열 명이 (합성되어) 함께 찍은 듯한 사진을, 두 번째 그룹은 그 열 명 각각이 찍은 사진을 본 것입니다.

이후 양쪽 모두의 참가자들에게 일종의 몰래카메라 실험이 진행됐습니다. 실험을 진행하는 연구자가 우발적으로 물건을 떨어뜨리는 것이죠. 그리고 자신 앞에서 일어난 이 일을 보고 무심코 그 물건을 집어 진행자에게 건네주는 우호적 행동을 하는지 여부와 정도가 관찰됐습니다. 결과의 차이는 확연했는데요. 단체 사진을 본 참가자들의 도움 행동이 세 배나 많은 것으로 나타났기 때문입니다. 즉 단체 사진을 본 그룹이 우연한 도움을 주는 데 훨씬 더 적극적이었다는 의미죠.

실험에 참여한 구성원들 사이에 성품이나 이타심 등에 차이가 있는 것 아니냐고요? 그럴 리가요. 추가 연구를 통해 전후 관계를 찬찬히 살펴봤을 때 도움을 주는 것이 마땅한 상황에서는 어느 그룹이든 차이가 없다는 것이 밝혀졌기 때문이죠. 그렇다면 왜 단체 사진을 본 사람들이 '우연한 도움'을 '재빠르게' 주는 것에 적극적이었던 걸까요?

그 이유는 다음과 같이 해석할 수 있습니다. 무의식적으로라도 연대감에 노출된 사람들은 의도나 목적이 없어도 타인을 돕는

데 더 적극적으로 임한다는 것이죠. 더욱 놀라운 점은 이 실험에 참가한 사람들이 불과 18개월 된 유아들이었다는 사실입니다. 연대감은 우연적 도움을 위한 인간의 타고난 본능이라는 사실을 확인할 수 있는 대목이지요. 그렇다면 이 사실을 조금 더 확장해 연대감을 높일 수 있는 방법들을 고민해 볼 수도 있지 않을까요? 실험에서 힌트를 얻어 전 구성원들이 포함된 사진을 배치하는 것을 비롯해 좋은 방법들이 꽤 많이 있을 것입니다.

학창 시절 친구에게 작은 도움을 비밀리에 베푸는 '마니또 게임'을 아마 해보셨을 것입니다. 이 방식은 결코 시시한 게임이 아닙니다. 구성원들 간의 작은 우연적 도움의 빈도를 늘리면 조직에는 더할 나위 없이 긍정적 결과가 일어날 가능성이 높아지기 때문이지요. 여러분의 주위를 둘러보세요. 그리고 사소하지만 다정한 도움을 건네보세요. 아마 오늘보다 훨씬 더 나은 내일이 펼쳐질 것입니다.

28

브레인스토밍은
어떻게 무력화되는가

　　브레인스토밍이라는 말, 자주 쓰시지요? 회의에서 아이디어가 떠오르지 않을 때, 어떤 문제를 해결하기 위해 만나는 첫 자리에서 흔히 쓰이는 표현입니다.

　　이 말은 1940년대 미국 광고계에서 종사하던 알렉스 오스본Allex F. Osborn이 기발한 아이디어의 창출을 위해 고안해 낸 회의방식입니다. 브레인스토밍의 핵심은 회의에 참여한 구성원들이 가능한 한 많은 아이디어를 자유롭게 쏟아내게끔 권장하고 이를 위해 비판이나 평가를 최소화하는 것이죠. 그리고 지금까지 수많은 기업과 조직에서 창의적이고 혁신적인 아이디어를 만들어내기 위해 다양하게 적용해 왔습니다. 하지만 실제 브레인스토밍을 통해 유의미한 결과를 냈다고 이야기하는 분들은 극히 드물었습니다. 다시 말해 큰 효과가 없었다는 뜻이지요. 그 이유는 무엇일까요?

결론부터 말하자면 브레인스토밍 이전과 이후에 무언가가 더 있어야 한다는 중요한 사실을 사람들이 간과하기 때문입니다. 그리고 이를 위해서는 창의적인 아이디어의 본질과 그 아이디어가 생산되는 과정을 정확히 이해해야만 합니다. 대부분의 창의적 아이디어는 유추라는 과정을 통해서 발생하는데요. 예를 들자면, 원자의 구조에 대해 전혀 알 방법이 없던 연구 초기 시절, '태양계의 구조와 비슷하지 않을까'라는 발상이 이를 해결했습니다. 당연히 노벨상을 받을 만한 획기적인 아이디어였죠. 바로 여기에 주목해야 할 측면이 있습니다. 태양계가 어떻게 생겼는지는 그 당시에도 10대 중반만 되면 다 아는 사실이었습니다. 이른바 신지식이 아니라는 것이죠. 그런데 원자와 태양계가 전혀 다른 분야에 속하는 문제이기 때문에 사람들이 그 둘을 연결시킬 생각 자체를 안 했던 것입니다.

어떤 문제를 해결하려 할 때 사람들은 그 문제가 포함된 영역에서만 해결 방법을 찾으려 합니다. 다른 영역에 있는 쉽고 상식적인 지식을 적용하는 건 시도조차도 않는다는 뜻입니다. 따라서 창의적인 해결책을 찾으려면 다른 분야에 있는 상식들과 쉬운 지식을 두루 살펴보아야 합니다. 그런데 막상 브레인스토밍이 일어나는 회의실에는 같은 분야에 있는 종사자들과 같은 문제를 앞에 두고 있는 사람들뿐입니다. 이럴 때는 회의실에 모여 의미 없는 말을 하기보다 회의 전에 참석자들이 완전히 다른 분야에서 최대한 다양한 경험을 하고 들어와야 합니다.

어떤 막막한 난제에 대해 창의적인 아이디어를 만드는 데에는 또 다른 중요한 측면이 있습니다. 바로 고착으로부터의 탈피입니다. 다시 말해 '발상의 전환'을 통해 고정관념을 버리는 것이죠. 그런데 브레인스토밍을 통해 나오는 아이디어들이 여전히 발상의 전환과는 거리가 먼 것이 많습니다. 이건 또 왜 그럴까요? 통찰이 발생하여 발상의 전환이 일어나는 과정에 대한 깊은 이해가 없어서입니다. 사실 통찰이 필요한 대부분의 문제는 공간적으로 또 시간적으로 잠시 떨어져 보는 시간인 '배양기'를 반드시 필요로 합니다. 실제로 역사적으로 유명한 발견이나 발명 뒤에는 대부분 이러한 배양기가 있었습니다.

따라서 브레인스토밍 자체는 무죄입니다. 브레인스토밍이 제 힘을 발휘할 수 있게끔 해주는 여건의 조성이 그동안 부족했던 거죠. 참가자들이 같은 시간과 장소에 있어야 한다는 고정관념도 버려야 합니다.

물론 창의적인 아이디어를 위해 젊고 새로운 인력을 보충할 필요가 있을 때도 있겠죠. 때로는 전문적인 컨설팅을 받아보는 것도 한 방편일 것입니다. 하지만 그들은 현재 당면한 문제가 속해 있는 분야의 전문가가 아닙니다. 이 때문에 획기적인 아이디어라 하더라도 나중에 실행단계가 되면 현실성이 지극히 떨어지는 경우가 많죠. 결국 조직 내의 경험 많고 전문적인 지식을 지닌 현재의 사람들이 창의적인 아이디어를 내놓을 수밖에 없습니다. 그렇다면 그들로 하여금 회의 장소에서 최대한 멀리 떨어져 있는 어딘가에서 시간을 보낼 수 있도록 배려하는 수밖에 없겠지요. 브레인스토밍은 아마 그 후에 제힘을 발휘하게 될 것입니다.

29

외롭고 잠이 안 온다면
이렇게 하세요

　불면증을 앓고 있는 분이 의외로 많은 것 같습니다. 제 주변에서도 "잠이 안 온다"라고 토로하는 분들이 아주 많은데요. 이분들이 이 말과 더불어 자주 하는 말이 "외롭다"라는 것입니다. 요즘 한국 사회는 불면증과 외로움이 동전의 양면처럼 붙어 다니며 우리를 괴롭히고 있는 거죠. 그렇다면 어떻게 해야 할까요? 유명한 수면 클리닉 프로그램에 등록하면 될까요? 마그네슘, 멜라토닌 등 불면증에 도움이 된다는 영양제를 먹어야 할까요?

지난 2020년 『왜 사람들은 자살하는가』의 저자인 플로리다 주립 대학의 토마스 조이너Thomas Joiner 교수와 그의 제자인 멜라니 홈Melanie Hom 박사가 수면 및 우울감 관련해 메타 분석 연구 결과를 발표했는데요.[14] 메타 분석이란 동일하거나 유사한 주제로 연구된 많은 수의 결과를 계량적으로 종합해 고찰하는 연구 방법을 의미합니다. 이를 통해 보다 통합적이고 거시적인 결론을 이끌어내는 일이 가능하죠.

연구진은 20만 명 이상을 대상으로 수면 및 우울감 관련 연구 84개를 진행해 결과를 발표했습니다. 그 첫 번째 결론은 지극히 상식적입니다. 수면의 질이 좋지 않을수록 외로움을 더 강하게 느낀다는 것이죠. 악몽을 자주 꾸는 사람보다는 불면증을 겪는 사람이 외로움을 더 많이 느끼는 것으로 나타났고요. 물론 이 결과만 가지고 수면이 부족하거나 수면의 질이 나빠서 외로운 것인지 아니면 외롭기 때문에 수면에 문제가 생기는지에 관한 인과관계를 정확히 알 수는 없습니다. 그저 단순한 상관관계일수도 있으니 말이죠.

하지만 연구진이 분석한 종단적 연구들의 패턴을 잘 살펴보면 중요한 실마리가 보입니다. 제가 연구진의 통찰력에 감탄한 이유도 바로 이 대목에 있는데요. 서로 다른 집단을 동시에 표집하여 그들로부터 얻은 자료를 비교하는 횡단적 연구에 비해, 한 집단을 일정 기간 동안 추적해서 반복 측정하는 종단적 연구는 더 많은 노력과 관심을 필요로 합니다. 그런데 이 연구들을 메타 분석해 보면, 초기의 수면 장애로 이후의 외로움을 예측하는 경우가 그 반대 방향인 초기 외로움에서 이후 수면 장애를 예측하는 경우보다 더 강하고 분명하게 관찰되었습니다. 이게 무슨 뜻이냐면 제대로 자지 못했기 때문에 외로움이 증가되었다는 것인데요. 이 외로움으로 인해 더욱더 잠을 자는 것이 어려워져 아예 불면으로 밤을 지새우는 최악의 시나리오가 반복될 수 있다는 거죠.

많은 사람들이 외로움을 느낍니다. 그리고 외로움이 불러오는 부작용은 헤아릴 수 없이 많죠. 그러니 잘 자는 것이 무엇보다도 중요합니다. 수면 보조제나 좋은 침대, 쾌적한 주거 환경이 우리가 잘 잘 수 있는 방법일까요? 물론 이런 것들이 단편적으로 도움이 될 수는 있을 겁니다. 하지만 조이너 교수의 연구에서 가장 주목할 점은 바로 이것입니다. 사랑하는 사람이나 소중한 주위 사람들에게 더 많이 감사하고 소소하지만 따뜻한 대화를 나누는 시간을 가질수록 수면에 긍정적 영향을 만들어낼 수 있다는 것이죠. 이 둘은 연구에서 단순한 상관관계가 아니라 분명한 인과관계로 나타났습니다. 복잡하고 어지러운 요즘 시대에 반드시 귀 기울여야 할 만한 이야기 아닐까요? 외로움과 불면증을 해소하는 핵심은 결국 마음을 나누는 일에 있었으니까요. 외롭고 잠이 오지 않는다면 주위 사람들에게 따뜻하게 대해 보시길 바랍니다.

30

가을의 재발견

저는 개인적으로 가을을 좋아합니다. 그리고 심리학자로서도 가을을 좋아하지요. 가을에는 여름의 '삼복더위'나 겨울의 '칼바람'처럼 온도나 습도의 구체적인 상태를 제대로 표현하기가 쉽지 않습니다. 대신 '스산한 분위기'나 '상념에 들게 만드는 날씨', '우수에 가득 찬 저녁'과 같이 우리가 평상시에는 느끼지 않는 색다르면서도 추상적인 감정을 동반해 계절을 묘사하죠. 왜 가을에만 이렇게 다소 문학적이기까지 한 표현을 많이 사용하게 될까요?

그 이유에 대한 추정은 다양합니다. 어떤 연구자는 일조량이 적어지면서 의욕과 긍정적 기분을 만들어내는 세로토닌이라는 호르몬의 분비량이 감소하기 때문이라고 하고 또 어떤 연구를 보면 온도가 전반적으로 하강세에 있을 때 신체가 좀 더 차분해지는 듯한 느낌을 가지기 때문이라고 설명합니다. 어찌 됐든 가을에는 사람들이 평소보다 다른 상태에 있으며 그 상태가 다소 모호하면서도 추상적임은 분명해 보입니다.

그런데 심리학의 또 다른 연구를 종합해 보면 바로 이러한 이유로 인해 가을은 좋은 습관을 만드는 데 최적의 계절이기도 합니다. 뛰어난 사람 아니 더 나아가 위대한 사람들은 한결같이 사소한 좋은 습관들로 인한 긍정적 결과들을 지속적으로 쌓아 결국 위대한 업적을 만들어내거나 타의 추종을 불허하는 능력을 가질 수 있었습니다. 이는 결코 부정할 수 없는 사실이죠. 문제는 이 습관을 만드는 것이 참으로 어렵다는 데 있습니다.

『설득의 심리학』의 저자로 유명한 로버트 치알디니를 비롯한 많은 심리학자들은 좋은 습관을 만들기 위해서는 이른바 '이프/덴-웬 if/then-when' 전략이 필수적이라고 강조합니다. 무슨 뜻인가 하니 if, then, when, 이렇게 세 가지 요소가 모두 갖춰져야만 습관이 만들어질 수 있다는 것입니다.

예를 들어, 탈모방지약을 복용하는 습관을 만들려고 한다고 가정한다면 '아침 8시 when에 양치질을 마친 상태라면 if, then 약을 먹는다'라고 결심을 해야 습관을 만들기 쉽다는 것이죠. 실제로 이렇게 했을 때 약의 복용 확률을 55%에서 79%로 상승시켰다는 연구 결과도 존재합니다. 그저 '하루에 한 번은 약을 먹는다'라는 결심은 목표에 불과할 뿐 습관을 만들 수 있는 전략으로는 어림없죠. 그러니 걸핏하면 잊어버리거나 때를 놓치는 경우가 비일비재하게 발생하게 됩니다.

그런데 이 전략과 더불어 상황이나 시점도 매우 중요한데요. 『스마트 체인지』의 저자인 아트 마크먼Art Markman 교수는 새로운 습관을 만들기 위해 매우 좋은 여건이 되어주는 상황 세 가지를 제안합니다. 첫째, 그다지 좋은 기분 상태가 아니어야 한다. 둘째, 차분해져 있는 상태가 좋다. 셋째, 평상시와는 무언가 다르다고 느낄 필요가 있다.

세 가지 모두 이유가 있습니다. 좋은 기분이면 기존의 것을 계속해서 유지하려는 본능이 발동되니 새로운 습관이 비집고 들어갈 틈 자체가 안 생기고 너무 흥분해 있으면 새로운 결심이나 생각 자체가 생겨날 여지가 없어지기 때문이죠. 다시 말해 평상시와는 다소 차별화된 상태여야만 기존과는 다른 무언가를 하기에 좋은 준비 상태가 됩니다.

이제 두 사람의 석학이 각각 강조하는 전략과 상황을 합쳐볼까요? 가을에 사람들이 많이 느낀다는 쓸쓸함, 고독감, 애잔함 등은 좋은 기분 상태가 당연히 아닙니다. 하지만 슬픔이나 분노와 같이 격한 감정도 없는 꽤나 차분한 상태라고 말할 수 있죠. 게다가 다른 계절에 느끼지 못하는 색다름이 전반적으로 자리 잡고 있습니다. 그러니 이프/덴-웬의 전략을 사용하여 새로운 습관을 만들기 최고로 좋은 계절이라는 결론에 자연스럽게 도달할 수 있겠죠. 아쉽게도 이 두 요인을 제대로 합쳐서 그 결과를 명확히 관찰한 연구는 아직까지 거의 없지만 제 경험과 주위 사람들의 반응을 종합해 보면 상당한 개연성과 효과가 있는 듯합니다.

많은 분들이 가을이 오면 유독 쓸쓸하고 외로움을 많이 느낀다고 이야기하지만 반대로 생각해 보면 지금 이 계절이 먼 훗날 우리를 지금보다 훨씬 더 발전적인 모습을 가지게 해줄 절호의 기회라고 여길 수 있지 않을까요.

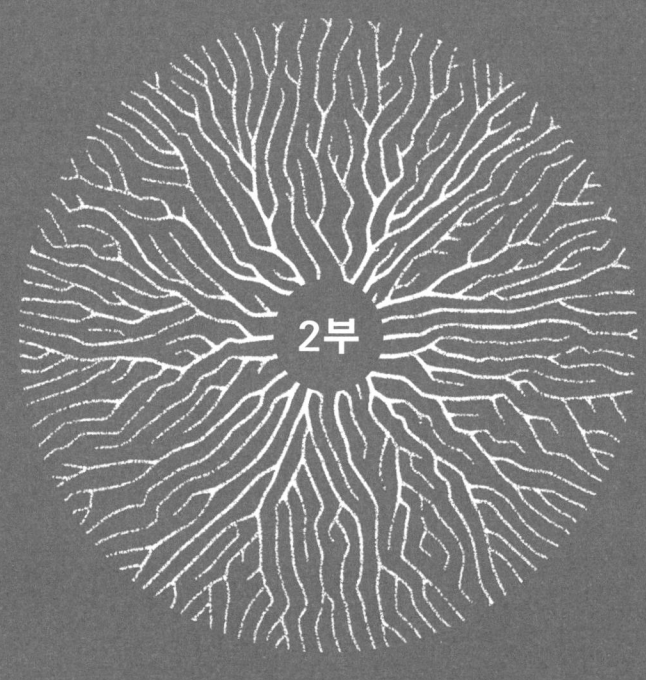

심리학자,
부자의 조건을 배우다

돈을 대하는 태도가 부를 결정한다

Psychology Of Wealth

31

얼마를 쓰시겠습니까?

현명한 소비자라면 더 좋은 것에 더 많은 비용을 지불하는 것이 합리적이라고 생각하실 겁니다. '더 좋은 것에 더 많은 돈을 쓰는 것'은 누가 봐도 마땅하다고 여겨지니까요. 하지만 애석하게도 인간의 선택은 그다지 합리적이지 않습니다. 굉장히 복잡하고 다양한 요인에 의해 그때그때 뒤집히고 마니까요.

여기 두 가지 게임이 있습니다. 게임 A는 12분의 11의 확률로 12만 원을 획득하고 나머지 12분의 1의 확률로 24만 원을 잃게 됩니다. 게임 B는 12분의 2의 확률로 79만 원을 획득할 수 있고 나머지 12분의 10의 확률로 5만 원을 잃게 됩니다.

이 두 게임을 놓고 사람들에게 "둘 중 하나를 선택할 수 있다면 당신은 무엇을 하겠습니까?"라고 물으면 대부분의 사람들은 게임 A를 선택합니다. 그렇다면 여기서 질문을 하나 해보겠습니다. 사람들은 게임 A를 더 좋아하는 것일까요?

이번에는 질문을 바꿔보겠습니다. "두 게임 중 어느 것이든 하기 위해서는 티켓을 사셔야 합니다. 당신이 이 게임에 지불할 수 있는 최대 가격은 얼마입니까?"라고 묻는다면 어떨까요? 아마 정반대의 답이 나올지도 모릅니다. 하지만 이 질문 역시 앞의 질문과 마찬가지로 선호에 대한 물음입니다. 지불 용의가 있는 최대 금액을 물었기 때문이지요. 그리고 일반적으로 지불할 수 있는 금액이 클수록 당연히 더 선호한다고 추측할 수 있겠지요.

연구에 따르면 사람들이 게임 A에 지불하겠다고 답한 금액은 평균적으로 5~7만 원이었습니다. 당연한 결과 아닐까요? 만약 여기서 12만 원보다 더 높은 금액을 제시한다면 그야말로 바보짓일 테니까요. 그런데 게임 B에 대해서는 20만 원을 지불하겠다는 사람들도 나타났습니다. 이 사람들에게 이유를 물으니 이렇게 답했죠.

"어차피 인생은 모험이잖습니까? 80만 원 가까운 돈을 딸 수도 있으니 한번 모험을 해보는 거죠."

재미있는 반전입니다. 심리학에서는 이런 현상을 '선호도 반전$_{preference\ reversal}$'이라는 용어로 부르는데요. 게임 A와 B 중 어느 것을 하겠냐고 물어보면 A를 선택(즉 선호)하는 것으로 나타나지만 두 게임 중 어디에 더 돈을 많이 쓰겠냐고 물어보면 B에 더 많은 돈(이것도 선호)을 쓰겠다고 응답하는 반전이 일어난다는 것이지요.

왜 이런 불일치가 일어나는 것일까요? 답은 '호환성'에 있습니다. 사람들은 자신에게 주어진 질문과 가장 잘 호환되는 정보가 무엇인지를 선택의 대상으로부터 찾으려 하기 때문입니다. 그래야만 나의 결정(반응)이 쉬워질 뿐만 아니라 더 적절하게 느껴지지요. 그렇다면 우리가 실제 살아가면서 선택을 할 때 어떤 정보가 가장 호환성이 높을까요? 바로 '확률'입니다. 그런데 두 번째 질문에서처럼 '돈을 얼마나 쓰느냐'에 대한 판단과 호환성이 가장 높은 정보는 '얼마나 큰돈을 가져다주느냐'인 혜택입니다. 이처럼 호환성은 상황에 따라 달라집니다.

우리가 일상생활에서 흔히 쓰는 표현 중에 '뭐 눈에 뭐만 보인다'라는 말이 있습니다. 심리학자의 입장에서 말씀드리자면 이 말은 사실입니다. 솔직히 말해 우리가 생각한 것보다 훨씬 더 맞는 말입니다. 자신의 선호도가 뚜렷한 상황에서조차 질문을 살짝 바꾸는 것만으로도 정반대의 결정을 내리는 일이 얼마든지 가능하기 때문이죠.

여기에서 우리가 얻을 수 있는 교훈은 다음과 같습니다. 무엇을 살지 결정하는 것과 구입하기로 결정한 것에 얼마나 지불할 용의가 있냐는 것은 엄연하게 별개의 판단이라는 사실이지요. 어떤 경우에는 선택하지 않은 것에 대해서 오히려 더 많은 돈을 쓰겠다는 반응이 나올 수도 있습니다.

말도 안 되는 이야기라고요? 사람의 마음이라는 것이 그리 단순하지 않습니다. 그렇기에 현명한 선택과 판단을 내리기 위해서는 우리 마음을 잘 들여다봐야 하는 것이고요.

《 32 》

낭비의 심리학

"야식과 과소비를 하고 있다면 행복하지 않다는 증거다."

혹시 이런 말을 들어본 적 있으신가요? 평소 사고 싶었던 물건을 망설임 없이 사들이고 저녁마다 맥주와 치킨으로 배를 부풀리면서 '내 마음이 헛헛해서 이러는 거야'라는 식의 변명거리로 사용하고 있는 게 아니라면 이 말은 사실에 가깝습니다.

심리적으로 어려움을 겪고 있는 사람들이 자신의 필요와 상관없는 물건을 과도하게 사들이는 경향은 과거의 다양한 기존 연구들에서도 흔하게 관찰돼 왔습니다. 그런데 미국 카네기 멜론 대학의 신시아 크라이더Cynthia Cryder 교수의 연구에서는 실제로 삶이 불행하지 않더라도, 즉 슬픈 영화나 재난 영화를 보게 하는 것만으로도 과소비하는 경향이 분명하게 관찰되었습니다. 신시아 크라이더 교수는 연구를 통해 밝혀진 사실을 담은 논문의 제목을 다음과 같이 지었습니다.[15]

"고통을 받고 있는 사람은 구두쇠가 아니다 Misery Is Not Miserly."

고통받고 있는 사람들은 왜 과소비에 취약해지는 것일까요? 연구진은 그 이유와 과정을 다음과 같이 밝히고 있습니다. 우선 좋지 않은 일을 경험하면 사람들은 자존감에 상처를 받습니다. 이때 떨어진 자존감을 회복하기 위한 욕구가 발생하게 되죠. 흥미로운 점은 이 욕구의 상당 부분이 엉뚱하게도 물건의 소유욕으로 전이가 된다는 것입니다.

사실 이러한 현상은 우리의 일상에서도 아주 쉽게 관찰할 수 있는데요. 연인과 헤어진 후에 폭음이나 폭식을 하는 경우가 가장 흔히 볼 수 있는 전이입니다. 어린 시절 부모로부터 따뜻한 보살핌을 받지 못한 아이가 인형이나 장난감 모으기에 열중한다거나, 존중받지 못한 성장 과정을 거친 성인 중 일부가 보상이나 지위 등에 과도하게 집착하는 것 역시 여기에 해당하는 경우지요.

그런데 크라이더 교수의 연구가 관심의 대상이 되는 이유는 그러한 현상을 단순히 보여주기 때문만은 결코 아닙니다. 크라이

더 교수는 해결의 실마리도 같이 제시하고 있는데요. 크라이더 교수는 이 연구에서 같은 상황임에도 불구하고 과소비 혹은 사치품 소유의 욕구를 불필요한 수준으로 보이지 않은 사람들이 있었음에 주목했습니다. 그리고 이 사람들에게서 한 가지 공통점을 찾았는데요. 그들은 '자기 초점self-focus', 즉 자신과의 관련성에만 주목하지 않았습니다. 자기 초점이란 자신에게 일어난 일들이 자기에게 집중된 것으로 생각하는 경향성입니다. 따라서 자기 초점 경향성이 낮다는 것은 현재의 어렵거나 괴로운 상황을 자기만 겪고 있다는 생각을 상대적으로 덜 한다는 것을 의미합니다. 고통과 어려움의 정도뿐만 아니라 이러한 일들이 나에게만 일어난다는 생각, 즉 외로움이 더 주요한 원인이라는 것이죠.

이 모든 것을 종합해 보았을 때 결론은 명확해집니다. 낭비, 과소비, 혹은 사치품에 대한 과도한 관심을 막으려면 외롭지 않아야 합니다. 특히 이러한 불안의 시대일수록 더더욱 말이죠.

소비는 쉽고
저축은 어렵다

"아, 너무 예쁜데, 가격이 비싸네. 아, 모르겠다! 일단 지르자! 카드값은 미래의 내가 책임지겠지!"

이런 말 자주 하시나요? 저도 어딘가에서 자주 들어본 이야기 같습니다만, 이렇게 충동구매를 하고 미래의 자신에게 책임을 전가하는 사람들은 생각보다 많습니다. 그리고 뇌과학적으로도 인간의 이런 행동은 상당히 자연스럽다고 할 수 있죠.

우리가 왜 충동구매를 하는지를 설명해 주는 할 허시필드Hal Hershfield 미국 캘리포니아대 심리학과 교수의 연구를 살펴보겠습니다. 연구진의 실험 결과 사람들은 자기 자신과 관련성이 높은 것에 대해 생각할 때 뇌의 전전두엽 피질(MPFC-mesial prefrontal cortex)과 전측 대상피질(ACC-rostral anterior cingulate cortex)의 일부가 활성화됐지만 10년 뒤 자신의 모습을 상상할 때는 해당 부분의 활성화 정도가 크게 감소하는 것으로 나타났습니다. 현재의 나를 상상할 때와 미래의 나를 상상할 때의 뇌 반응이 다르게 나타난다는 뜻인데요. 미래의 나를 상상할 때는 타인을 생각할 때 활성화되는 뇌의 신경 활동과 더욱 유사한 것으로 나타났습니다. 이제 신용카드를 호기롭게 긁고 미래의 자신에게 책임을 전가하는 사람들의 행동이 왜 그런지 아실 수 있겠죠? 현재의 나를 위해 소비하는 것은 쉽지만 타인과 같이 취급되는 미래의 자신을 위해 저축하는 일은 상당히 어려울 수밖에 없다는 거죠.

인간의 이런 양상에 불을 지피는 것은 현재의 내가 강한 욕구를 가질 때입니다. 이번에는 또 다른 연구를 살펴볼까요? 스위스 바젤 대학의 미구엘 브랜들(Miguel Brendl) 교수가 했던 재미있는 연구 결과가 있습니다.[16] 여기 A와 B라는 두 종류의 복권이 있습니다. 두 복권 모두 일주일 후에 추첨합니다. A는 당첨되면 담배 세 보루를 받고 B는 당첨되면 돈을 받습니다. 이때 당첨금은 A와 마찬가지로 담배 세 보루에 해당하는 금액입니다.

브랜들 교수의 연구팀은 두 종류의 복권을 대학 캠퍼스 내에서 두 가지 상황에 맞추어 판매했습니다. 첫 번째는 학생들이 강의실에 들어가기 전 입구에서입니다. 두 번째 상황은 무려 세 시간짜리 지루한 강의가 끝난 강의실 출구입니다. 두 장소 모두에서 연구진이 학생들에 던진 질문은 같습니다. 물론 이 질문을 받은 학생들은 사전에 연구진이 미리 파악해 놓은 흡연자들이지요.

"당신은 A와 B 중 어떤 복권을 구입하시겠습니까?"

결과의 차이는 매우 극명했습니다. 강의실에 들어가기 전 만난 학생들은 60% 정도가 복권 B를 사겠다고 응답했습니다. 그런데 강의가 끝나고 나오는 길에 만난 학생들은 담배 교환 복권인 A를 사겠다는 응답이 무려 90%에 달했죠. 왜 이렇게 다른 결과가 나온 것일까요? 바로 욕구입니다. 강의실에 들어가기 전에 만난 학생들은 이미 담배를 핀 직후라 흡연에 대한 욕구가 적었던 반면 세 시간짜리 지루한 강의를 듣고 난 학생들은 어서 빨리 뛰쳐나가 담배를 피우고 싶다는 욕구가 컸을 테니까요.

더욱 재미있는 건 이 학생들의 주머니에도 담배 한 갑씩이 모두 들어 있었다는 사실입니다. 따라서 담배 한 개비가 간절해서 그런 응답을 할 이유는 조금도 없었던 것이지요. 이렇듯 미래의 가치는 판단하기 매우 어렵습니다. 철저히 현재의 욕구에 의해 지배당하며 현재의 욕구와 무관해 보이는 것들의 미래 가치는 놀라우리만큼 평가 절하됩니다.

그렇다면 이러한 현재의 욕구가 소비에 어떤 영향을 살피는지 알아볼까요? 쇼핑 중에 배가 고픈 사람들은 배고픔과 전혀 무관한 컴퓨터의 가치를 굉장히 낮게 평가합니다. 따라서 상당히 할인된 금액에도 시큰둥한 반응을 보입니다. 또 뜨거운 여름에 지구온난화에 대한 메시지는 설득력을 가지지만 매서운 찬바람을 맞으며 돌아다녀야 하는 겨울에 지구가 뜨거워지는 일에 대한 문제 제기는 사람들의 이목을 집중시킬 수 없겠죠.

결국 미래의 다양한 대상들에 대한 가치를 논하기 위해서는 비록 사소해 보일지라도 현재의 욕구가 잘 채워져 있는가를 먼저 확인해야 합니다. 그렇지 않으면 전혀 엉뚱한 판단과 소비가 발생하기 십상이죠. 담배 세 보루뿐만 아니라 다른 용도로도 얼마든지 사용할 수 있는 현금에 조금도 관심을 기울이지 않는 '지금 당장 담배를 피우고 싶은' 그 학생들처럼 말입니다.

다시 돈 이야기로 돌아와볼까요? 미래의 나를 위한 저축이나 절약을 하려면 미래를 위한 비전과 목표를 가지는 것이 너무나도 중요합니다. 그래야만 현재의 나와 미래의 나를 조금이라도 더 동일시하면서 현재의 내가 가지고 있는 욕구에 전적으로 휘둘리지 않을 수 있는 것이지요.

허시필드 교수의 또 다른 연구에 다르면 실제로 현재의 나와 미래의 나를 상상할 때 뇌에서의 반응 차이가 상대적으로 적은 사람들 중에 부자가 많았습니다. 당연히 그런 사람들일수록 저축을 하려는 성향 역시 강하게 관찰되었고요. 부자들이 목표의식을 가지고 살아야 한다고 한결같이 강조하는 데에는 다 이유가 있었던 것입니다.

34

Go? No-Go?

　얼마 전 의사 한 분과 이야기를 나눌 기회가 있었습니다. 이런 저런 얘기를 나누던 중 심리학자인 제게 매우 의미 있는 메시지를 주셨는데요. 요는 이렇습니다. 당뇨를 치료하기 위해서는 약이나 건강식품을 먹는 것보다 단 음식이나 과식을 '하지 않는' 것이 더 중요한데, 정작 사람들은 효과 좋은 당뇨약을 처방해 달라고 요구한다는 것이죠. 디스크도 마찬가지랍니다. 허리가 아프면 해당 부위가 아물 때까지 '쉬어주고' 디스크를 유발하는 동작을 '피해야' 하는데 운동은 물론이고 주사를 맞고, 허리 건강에 좋다는 각종 보조기구 등에 의존하다가 허리 건강을 오히려 해치는 경우가 훨씬 많다고 하시더군요.

저와 같은 심리학자들은 꽤 오랜 기간 문제의 개선에 있어서 긍정적인 A를 행동하는 것보다 부정적인 B를 '하지 않는' 것이 중요한 상황에서 사람들이 겪는 문제를 연구해 왔습니다. 다시 말해 행동보다 원인을 제거하는 비행동이 필요할 때 이를 어떻게 효과적으로 유도해야 하는가에 대한 문제입니다.

심리학에서는 이를 'Go/No-Go' 패러다임으로 설명합니다. 20여 년 전에 유행했던 청기백기 게임을 떠올려볼까요? 나이가 어린 분들을 위해 잠시 설명하자면, 청기백기 게임이란 양손에 각각 청기와 백기를 들고 사회자의 명령에 맞추어 깃발을 올렸다 내렸다 하는 놀이입니다. 득점을 올리기 위해서는 "청기 올려"라는 지시에 맞추어 청기를 빠르게 올려야 합니다. 이것이 바로 Go 과제인 셈이지요. 반대로 "백기 올리지 마"라는 구령에 백기를 올리지 않고 그대로 놔두는 것이 바로 No-Go 과제입니다.

사실 살아가다 보면 공부든 일이든 Go 과제에 해당하는 것이 더 많기는 합니다. 학생들은 학교에 가야 하고, 직장인들은 회사에 출근해야 하고, 저 같은 심리학자들은 연구와 강의를 해야 하기 때문이죠. 하지만 No-Go 과제를 성공적으로 해야 할 때도 분명히 존재합니다. 한 가지 안타까운 점은 Go 과제를 매우 성공적으로 수행하는 사람들 중 No-Go는 젬병인 경우가 꽤 많다는 사실인데요. 대체 왜 그럴까요? 제가 지금부터 소개해 드리는 네 가지 연구 결과를 살펴보면 그 실마리를 찾을 수 있을 것입니다.

첫째, 테네시 대학 건강과학 센터의 카렌 데레핀코Karen Derefinko 교수에 의하면, 주위가 산만한 사람들은 유난히 No-Go를 잘 못한다고 합니다. ADHD 환자들은 그 증상이 매우 심각할 정도지요. 따라서 이런 사람들에게 No-Go를 지시할 때는 메시지의 내용이나 강도를 훨씬 강하게 해주어야 하지 말아야 할 행동을 자제시킬 수 있습니다.[17]

둘째, 생각이 지나치게 많거나 복잡해질 때 No-Go는 유난히 어려워집니다. 실제로 콜로라도 대학의 신경과학자 디에고 레스트레포Diego Restrepo 박사는 프로야구 선수들이 타석에 들어가기 전에 생각이 너무 많은 이른바 오버씽킹overthinking 상황에 있으면 스윙을 해야 할 때 제대로 하는 것보다 스윙을 하지 않아야 할 때 참지 못한다는 사실을 밝혀내기도 했습니다.

셋째, 미국 켄트스테이드 대학의 존 건스테드John Gunstad 교수와 마리 스피츠나겔Mary Spitznagel 교수의 연구에 의하면 운동과 No-Go 사이에도 연관성이 입증되었는데요. 바로 운동을 하지 않는 사람들일수록 No-Go 상황에 약하다는 것이지요. 그 이유는 혈당량 때문인데요. 혈당량이 증가하면 충동 억제 능력이 저하되기 때문에 운동은 과잉 행동 조절에 매우 중요한 요소라고 볼 수 있습니다.[18]

넷째, 캐나다 토론토 대학의 심리학자 마이클 인즐리트Michael Inzlicht 교수는 지난 10여 년 동안 현재 당면한 사안과 무관한 말을 많이 하게 되면 속으로 '이건 하지 말아야겠다'라는 다짐이 훼손된다는 연구들을 다수 발표해 왔습니다. 즉 어떤 사람이 유독 No-Go를 어려워한다면 지나치게 바쁘거나 일이 많음을 의미합니다.[19]

위의 실험을 통해 힌트를 얻으셨나요? 부정적 행동을 하지 않는 것이 이성과 논리 혹은 의지와 노력만으로 해결되는 문제가 아니라는 점은 분명합니다. 다만 앞에서 살펴본 네 가지 요인을 고려한다면 우리 스스로 No-Go를 훌륭히 이끌어낼 수 있지 않을까요?

35

가장 먼저 해야 하는 것과
가장 중요한 것

'일의 경중輕重을 따져서 하라'는 말은 가벼운 일보다 무거운 일, 즉 중요한 일을 우선해야 한다는 뜻일 텐데요. 그런데 가벼움과 무거움에 있어서 무거운 일을 먼저 하는 것이 오히려 일을 그르치는 경우가 의외로 많다는 사실 알고 계시나요? 일의 우선순위와 경중은 얼마든지 달라질 수 있기 때문인데요. 가장 중요한 것이라고 해서 가장 먼저 하게 되면 오히려 원하는 결과를 이루는 것이 더 어려워지는 경우가 다반사입니다.

예를 들어보겠습니다. 자산 전문가들에게 "부자가 되기 위해 소비를 줄이는 것과 소득을 늘리는 것 중 어느 것이 더 중요한가요?" 하고 물으면 이들은 소득을 늘리는 것이 더 중요하다고 한목소리로 대답합니다. 그런데 비슷한 실력과 안목을 지닌 다른 자산 전문가들에게 "부자가 되기 위해 가장 먼저 시작해야 하는 일은 무엇인가요?"라고 물으면 그들은 이렇게 대답합니다.

"다 필요 없고 소비를 줄이는 것부터 해야 합니다."

어떠신가요? 가장 먼저 해야 하는 일과 가장 중요한 일이 일치하지 않는 경우 이 둘을 현명하게 구분하는 지혜가 필요할 것입니다.

가장 먼저 해야 하는 것과 가장 중요한 것은 무엇을 의미하는 걸까요? 그리고 이를 구분하고 순서에 맞게 실천하기 위해서는 어떻게 해야 할까요? 당연히 핵심은 인과관계를 이해하고 파악하는 능력에 있습니다. 인과관계는 원인과 관계입니다. 무엇이 선행요인이고 무엇이 결과를 바꾸게 만드는지 판단하는 일은 매우 중요합니다. 그런데 인간의 사고과정을 연구하는 인지심리학자들이 한결같이 강조하는 점이 있습니다. 인과관계를 정확히 판단하기 위해서 '반사실적 사고 counterfactual thinking'를 해보는 것인데요. 반사실적 사고란 일어나지 않은 일에 대한 것을 생각해 보는 것입니다. 예를 들어 '대학에 진학하지 않았으면 내 인생은 어떻게 되었을까?', '신도시의 새로운 아파트 단지로 이사를 갔더라면 우리 가족의 삶은 어떻게 변화했을까?'와 같이 말이죠. 그런데 문제는 우리가 쉽게 반사실적 사고로 할 수 있는 것들을 가장 중요하게 생각하고 또 가장 먼저 하려고 한다는 데 있습니다.

그렇다면 앞서 언급한 소비 줄이기와 소득 증대 사이에서 무엇이 더 반사실적 사고가 쉬울까요? 소비를 줄이는 것에 대한 반사실적 사고는 쉽지 않습니다. 소비를 줄이지 않으면 어떤 일이 일어날지를 상상하는 것은 소비하는 것에 비해 결코 생생하지 않기 때문이죠. 하지만 소득을 늘리는 것에 대한 반사실적 사고는 쉽게 할 수 있죠. 그 이유는 명쾌합니다. 그간의 욕구와 밀접한 관련이 있기 때문입니다. 이것이 바로 반사실적 사고가 쉬운 것을 인과관계에서 우선 원인으로 두고 가장 먼저 해결하거나 실행해야 하는 것으로 착각하기 쉬운 이유죠.

이로 인해 생기는 어리석은 일들을 살펴볼까요? 빚이 있는데도 이곳저곳에 투자와 저축을 하는 사람들이 의외로 많습니다. 이자를 계산해 보면 분명히 비합리적인 상황임에도 불구하고 말이지요. 이럴 때에는 가장 먼저 해야 하는 것에도 적극적으로 반사실적 사고를 해봐야 합니다. 해야 할 일들을 모두 적어놓고 그 일 하나하나에 대해 반사실적 사고를 해보는 거죠. 그래야만 가장 먼저 해야 하는 일을 가장 중요한 일보다 먼저 실천할 수 있습니다.

더욱 중요한 것은 일의 경중을 가리지 못하는 사이에 우리가 돈을 바라보는 관점이 점점 나쁘게 변한다는 데 있습니다. 일확천금이나 황금만능주의 같은 매우 극단적이거나 단편적인 금전관이 이와 무관하지 않다는 말이지요. 진정으로 일의 경중을 가리는 지혜가 필요한 때입니다.

36

정의와 투명성

 이 세상에 돈만큼 사람들의 마음과 행동을 움직이는 게 또 있을까요? 심지어 재미있는 유튜브 영상을 보고 있는 아이들에게 "3,000원을 줄 테니 지금 잠깐 나가서 두부 한 모만 사다 줄래?"라고 하면 신이 나서 뛰어나가기도 합니다. 이렇듯 돈은 사람들의 동기부여가 되어주는 확실한 '당근'이 분명합니다.

 반면 돈의 효능에 관한 견제론 역시 만만치 않습니다. 그래서 심리학자들은 돈을 두고 행복 촉진제라기보다는 불안 완화제에 가깝다는 표현을 많이 쓰기도 합니다. 돈으로 행복을 살 수 있다고 보기는 어렵지만 돈이 없으면 마음이 불안하고 실제로도 불행한 일을 겪게 될 확률이 높아지는 것 역시 부인할 수 없는 사실이니 말입니다. 이는 실제 연구에서도 명확히 드러납니다.

2010년에 발표된 하버드대학 경영대학원 마이클 노튼(Michael Norton) 교수의 연구에 따르면 연 소득 6~8만 달러 이하의 가정에 사는 사람들은 확연하게 불행하게 느끼는 것으로 나타났습니다. 하지만 이 소득을 넘어선다고 해서 무조건 행복이 정비례로 증가하는 것은 아니었습니다. 즉, 10만 달러나 100만 달러나 스스로를 행복하다고 여기는 정도는 크게 다르지 않다는 것이지요. 이는 우리나라에서 행해진 여러 연구에서도 비슷하게 나타났습니다. 그렇다면 돈은 어떨 때 우리를 행복하게 만드는 것일까요?

돈과 행복의 상관관계에 있어서 중요한 요인이 하나 있습니다. 바로 돈을 어떻게 받느냐와 어떻게 쓰느냐인데요. 임금과 사람들의 행동 사이에 어떤 관련성이 있는지를 평생에 걸쳐 연구해 온 대표적 인물인 미들 테네시 대학 토마스 리핑 탕(Thomas Li-Ping Tang) 교수는 돈에 대한 욕구와 만족도, 그리고 돈을 주는 쪽의 정의로움과 투명성 사이의 관계를 연구해 다음과 같이 세 가지로 정리했습니다.

첫째, 돈에 대한 욕구가 높은 사람일수록 자신이 받는 임금에 대해 불만족이 커지면서 부정행위나 일탈행위를 할 가능성이 높아집니다.

둘째, 저임금으로 오랫동안 고생했던 사람들은 소득이 올라가는 순간 돈에 대한 집착이 굉장히 강해집니다.

셋째, 돈 이외의 가치에 대해 생각을 하지 않는 사람들은 아무리 많은 급여를 이미 받고 있어도 자신보다 더 큰 돈을 가진(심지어 조직 외부에 있는) 타인들과 비교를 하면서 불만을 쌓아갑니다.

세 현상 모두 돈과 관련된 우리의 어두운 모습들이 분명해 보입니다. 이를 두고 텍사스 대학의 저명한 조직 심리학자 제럴드 그린스버그Jerald Greenberg 교수는 "임금 불만족은 많은 사람들로 하여금 정의의 이름으로 부정행위를 하게 만든다"고 경고합니다. 그런데 여기서 우리가 가장 중요하게 받아들여야 하는 핵심이 하나 등장하는데요. 바로 위의 세 경향성이 사회나 조직의 정의, 투명성이 떨어진 상황에서 가장 극심하게 나타난다는 사실입니다.

그렇다면 어떻게 해야 할까요? 탕 교수에 따르면 일반적으로 돈에 관한 욕구가 충족될수록, 즉 자신이 받는 임금이나 급여에 대해 만족할수록 돈에 대한 집착은 줄어든다고 합니다. 그런데 이 만족이 언제 가장 높아질까요? 옆에 앉은 직원보다 내가 더 많이 받을 때일까요? 다른 회사에 다니고 있는 친구보다 내 월급이 더 많을 때일까요? 모두 아닙니다. 다른 사람이 받는 돈과 비교하는 것은 유의미한 차이를 가져오지 않았습니다. 자신이 받는 급여에 대해 투명하고도 정당한 설명이 가능할 때 사람들은 급여에 대한 만족이 가장 높은 것으로 조사되었습니다.

여기서 또 한 가지 짚고 넘어가야 할 점은 돈 이외의 보상 체계도 상당한 영향을 미친다는 점이었는데요. 보상은 승진 같은 지위의 상승일 수도 있고, 자유롭게 사용할 수 있는 시간일 수도 있습니다. 저희가 전혀 예상하지 못한 다른 무언가일 수도 있겠지요. 따라서 우리는 그것을 알아내기 위해 매 순간 최선을 다해야 합니다. 그렇지 않으면 그린스버그 교수의 염려 섞인 경고가 현실이 되어 우리에게 다가올 수밖에 없겠지요.

무엇이 가장 효과적인 보상책인지 저는 확실하게 답할 수 없습니다. 하지만 이것 하나만은 분명하게 말씀드릴 수 있습니다. 돈이 전부가 아니라는 사실 말이지요.

37

사자가
왕위를 물려주는 법

　아프리카 케냐 지역에는 사바나 개코원숭이라는 독특한 원숭이가 살고 있습니다. 이 원숭이들은 무리의 리더를 정할 때 결코 힘의 논리를 따르지 않는다고 알려져 있습니다. 이런 동물은 더 있습니다. 악어의 경우에도 가장 힘센 수컷 한 마리가 무리 내의 모든 암컷을 거느리기 때문에 엄청난 패권 다툼이 벌어지지만 승패가 정해지는 순간 승자는 절대 패자를 공격하지 않습니다.

　늑대도 마찬가지입니다. 늑대는 흔히 거칠고 흉폭한 동물로 묘사되지만 실제 늑대들은 끈끈한 결속력을 지니고 있기로 유명한데요. 우두머리 늑대는 권력을 남용하지 않는 것은 물론이고 부하 늑대의 의견에도 귀를 기울일 줄 안다고 합니다. 이런 현상에 대해 동물학자들은 무리를 지어 살아가는 동물일수록 힘과 독식이 아닌 무리를 조율할 수 있는 현명하고 사려 깊은 우두머리가 조직을 잘 이끌기 때문이라고 이야기합니다. 동물들의 이러한 리더십이 인간에게 주는 의미는 무엇일까요?

매해 연말이 되면 각 기업의 인센티브, 즉 보상에 대한 이야기로 세상이 떠들썩해집니다. 어느 기업은 연봉의 몇 퍼센트를 받았다더라, 어디는 주식을 줬다더라 등등 직장인들의 마음을 들뜨게 만들죠. 그렇다면 함께 생각해 봅시다. 과연 인간에게 효과적인 인센티브의 종류가 따로 있을까요? 결론부터 말하자면 있습니다. 일을 잘해서 만든 성과에 대해서는 돈이 좋은 보상이 됩니다. 하지만 누군가에게는 승진이 더 효과적인 보상이 될 수도 있죠.

다시 동물 이야기로 돌아가 봅시다. 맹수 세계의 최고 우두머리라 불리는 사자는 무려 350만 년 동안 멸종하지 않고 살아남았는데요. 날카로운 이빨과 강인한 체력, 최고의 사냥 능력 덕분에 인간보다 최소 열 배 이상의 역사를 지닐 수 있었을 거라고 추측하기 쉽지만 상당수 연구자들이 추정하고 있는 원동력은 전혀 의외의 곳에 있습니다. 바로 이타성이지요.

사자는 백수(百獸)의 왕으로 불리며, 고양잇과 동물 중 유일하게 무리를 지어 살아갑니다. 그 무리는 프라이드라고 불리는데요. 프라이드는 30~40마리의 사자로 이루어집니다. 그런데 흥미로운 점은 프라이드의 우두머리가 자신의 후계자를 결코 사냥 능력이 가장 뛰어난 사자로만 지목하지 않는다는 데 있습니다. 우두머리 사자는 이들이 사냥감을 잡는 데 성공한 후 그 사냥감을 잡는 데 일조한 다른 경쟁자의 부하에게도 먹이를 나눠주는지 살핀다고 합니다. 그리고 그렇게 하지 않는 이른바 이기적인 중간 보스에게는 결코 최고 리더의 자리를 물려주지 않는다고 하는데요. 상대적으로 사냥 능력이 다소 약하더라도 경쟁자의 부하들에게까지 자신의 성과를 나눠주는 녀석에게 최고 우두머리 자리를 물려준다는 것입니다.

사냥에는 늘 다양한 변수들이 존재합니다. 사슴이나 영양들은 사자보다도 더 빠르게 뛸 수 있고, 몸부림치는 얼룩말의 뒷발은 사자에게도 치명적인 무기가 되죠. 그러니 사자들의 사냥은 어떤 돌발상황이 벌어질지 모르는 예측불허 그 자체며 따라서 자기 휘하의 부하들로만 사냥을 하는 것은 기본적으로 실패할 가능성이 큽니다. 그래서 사자의 사냥은 늘 자신의 부하가 아닌 사자들의 순간적인 도움을 필요로 하는 경우가 태반이죠.

그러니 획득한 사냥감을 신속하면서도 순간적인 도움을 준

사자들에게도 적절하게 나눠주지 않으면 어떻게 될까요? 더 나아가 평소에 자기 부하가 아닌 사자들에게 미움을 받는 존재라면 어떻게 될까요? 그 사자가 아무리 뛰어나도 조직의 문화에는 결코 이로운 존재가 될 수 없을 것입니다. 무리의 전체 사자들로 하여금 우연하고 순간적인 도움을 주고자 하는 생각을 계속해서 약화시키기 때문이죠. 프라이드의 최고 우두머리 사자가 바로 그 점을 고민하는 것입니다.

기업 강의를 다니다 보면 제게 성과 보상을 어떻게 하는 게 효과적이냐고 물으실 때가 있습니다. 그때마다 제가 드리는 대답은 한결같습니다.

"주목할 만한 성과나 실적이 있었다면 돈과 같은 현물로 보상하십시오. 하지만 승진은 그가 받은 상이나 자원을 어떻게 분배하는지를 보고 하셔야 합니다. 승진을 성과에 대한 보상으로 사용하면 공을 독점하고자 엄청난 갈등이 일어나고 시기와 질투가 난무하게 됩니다. 반면 배분을 잘하는 사람에게 돈과 같은 현물로만 보상하면 나눠 먹기 혹은 검은 커넥션이 자리 잡게 될 것입니다."

실제로 구글Google은 자기 부서의 고민거리를 위해 좋은 아이디어를 내놓는 타 부서 사람들에게 우리 돈으로 적게는 수만 원에서 많게는 수백만 원에 달하는 감사 쿠폰을 지급할 권한을 중간

관리자들에게 부여한다고 합니다. 그리고 그 쿠폰이 어떻게 사용되는지도 당연히 관찰되고 있을 것입니다. 돈이 '무언가'를 잘한 사람에게 어떤 효과를 발휘할지는 바로 그 '무언가'에 달려 있다는 뜻이지요.

수많은 심리학자들 더 나아가 경제학자, 사회학자들이 오랜 세월 동안 논쟁해 온 이슈 중 하나는 '과연 금전적 보상이 일을 더 잘하게 만드는가'입니다. 어떤 학자들은 돈과 실적 혹은 임무 수행에 유의미한 연관성이 없다고 주장하는 반면 아주 높은 상관관계가 있음을 역설하는 사람들도 있으니까요. 이렇게 입장이 양측으로 갈려 팽팽하게 맞서는 경우는 어느 한쪽이 맞고 틀리기보다는 두 입장이 각각 더 잘 들어맞는 경우나 상황이 따로 있을 가능성이 더 큽니다. 따라서 중요한 건 그 상황이 무엇인지 밝히는 것이지요.

이와 관련된 흥미로운 현상이 하나 있습니다. 발상의 전환이 필요한 문제나 사안을 사람들에게 해결해 보라고 하는 것인데요. 여기서 발상의 전환이라 함은 어떤 물건이나 대상을 상식적이고 일반적인 원래 목적이 아니라 전혀 다른 용도로 사용해 보는 기지와 재치를 의미합니다. 그런데 이러한 발상의 전환이 필요한 상황에서 사람들에게 문제를 빨리 해결할 경우 돈과 같은 인센티브를 주겠다는 식으로 동기부여를 하게 되면 오히려 해결의 속도가 더 느려지는 경우가 많습니다. 그러나 실제 세상에서는 어떤가요? 어떤 문제를 빠르고 정확하게 해결한 사람에게 금전적인 인센티브나 보너스를 주겠다고 약속합니다. 왜냐하면 그 돈이 동기를 유발하여 주어진 문제를 해결하고자 하는 의지를 더욱 북돋을 것이라고 믿기 때문입니다.

    심리학자의 입장에서 얘기하자면 이것은 명백한 착각입니다. 고정관념을 벗어난다는 의미는 무엇일까요? 발상의 전환이라는 말은 또 무엇을 의미할까요? 창의적으로 사고한다는 뜻 아닐까요? 창의적으로 문제를 해결할 때 가장 중요한 것은 시야의 폭을 넓히는 일입니다. 즉 이런 일들은 폭넓은 관점을 갖고 여러 가지 가능성과 대안들을 모두 고려해야만 풀릴 수 있다는 거죠. 물론 구체적이고 세밀한 시각으로 집중해야 더 잘 해결되는 일들도 많습니다. 다시 말해 일의 성격에 따라 시각의 폭이 넓어야 할 수도, 좁아야 할 수도 있다는 뜻입니다.

    자, 그렇다면 이제 발상의 전환이 이미 이뤄지고 따라서 고정관념으로부터 탈출한 상태에 사람들이 있다고 가정해 봅시다. 이런 경우 아마 최종 목표가 어느 정도 눈앞에 구체적으로 보일 것입니다. 여기서 재미있는 일이 발생하는데요. 이제는 금전적인 보상이 사람들로 하여금 더욱 빠르게 문제를 해결할 동력이 된다는 사실이죠. 구체적인 해결책이 보일 때, 돈을 비롯한 금전적 인센티브는 순기능을 하기 시작합니다. 게다가 그 보상의 크기가 커질수록 사람들은 그 일을 더 빠르고 정확하게 해내죠.

우리가 여기서 알 수 있는 사실은 무엇일까요? 돈은 사람들로 하여금 좁은 시야를 가지게 하고, 그 좁은 시야로도 해결할 수 있을 정도로 구체적인 문제를 해결하는 데에만 유용한 도구라는 사실입니다. 그리고 좁은 시야라는 건 또 무엇을 의미하나요? 우리가 현재 고려할 대안의 수가 적을 때입니다. 반대로 얘기하자면, 창의적 생각이나 발상의 전환을 위해 폭넓은 생각을 해야 하는 경우에는 돈이 오히려 좁은 시야를 가지게 함으로써 훼방꾼의 역할을 할 수 있다는 사실입니다.

우리가 살아가면서 직면하게 되는 여러 가지 '어려운' 문제들이 돈으로 해결되지 않는 이유가 바로 여기에 있습니다. 그럼에도 불구하고 수많은 국가, 기업, 혹은 기관들은 돈을 더 많이 주면 더 일을 잘 해줄 것으로 기대하고 있죠. 이제 이러한 생각에도 전환이 필요한 때가 아닐까요?

38

시간이라는 보너스

인센티브의 사전적 의미는 '사람이 어떤 행동을 취하도록 부추기는 것을 목적으로 하는 자극'입니다. 그런데 현재 우리 사회에서는 인센티브를 누군가에게 줄 수 있는 돈이나 물건처럼 실체가 있는 것으로만 생각하는 것 같아 한편으로는 아쉬운 마음도 듭니다.

저는 누군가에게 줄 수 있는 최고의 인센티브는 시간이라고 생각합니다. 무슨 뚱딴지 같은 소리냐고요? 돈보다 강한 효과를 갖는 시간의 힘에 대해서 한번 생각해 볼까요?

하버드 대학의 에슐리 윌란스Ashley Whillans 교수는 직장인들로 구성된 실험자에게 40달러를 주고 난 뒤 이렇게 물었습니다.

"당신은 이 돈으로 무엇을 사겠습니까?"

그가 제시한 물건의 종류는 다양했습니다. 그리고 그 안에는 두 시간의 자유시간이 포함되어 있었죠. 당연한 결과겠지만 40달러를 가지고 두 시간의 자유시간을 사겠다는 사람은 극히 드물었습니다.

사람들은 돈으로 시간을 산다는 발상 자체를 거의 하지 않습니다. 그러니 인센티브를 주고자 하는 사람 입장에서도 시간을 주면 좋아할 것이라는 생각을 하지 못합니다. 하지만 막상 40달러, 40달러에 해당하는 물건, 그리고 두 시간의 자유 시간 중 하나를 부여한 뒤 그 인센티브가 얼마나 만족스러웠는가를 물으면 자유시간이라 대답하는 사람의 비율이 가장 높았습니다.

이 연구가 보여주는 의미는 무엇일까요? 사람들은 돈으로 시간을 사려고 하지는 않지만 실제로 시간을 얻고 나면 그 소중함을 가장 크게 느낀다는 것인데요. 실제로 이런 재미있는 불일치가 우리 일상에 제법 다양하게 존재한답니다. 어쩌면 타인에게 줄 수 있는 것이 그리 많지 않은 우리들에게는 희소식이 아닐까요? 예를 들어 줄 수 있는 것이 별로 없는 직장상사라도 아낌없이 칭찬을 하고 싶은 부하 직원에게 약간의 자유시간을 줄 수 있을 정도의 권한은 갖고 있을 테니까요. 이를 적절하게 사용하면 금전적 보상보다 훨씬 더 큰 만족을 줄 수 있다는 이야기입니다.

이는 가족관계에서도 마찬가지인데요. 요즘 젊은 부부들의 SNS를 보면 "아싸! 오늘 자유부인임!"과 같은 게시물을 여럿 볼 수 있습니다. 이것 역시 시간이라는 인센티브를 활용한 거죠. 직장, 가사, 육아에 지친 상대방에게 약간의 자유시간을 주는 것만으로도 관계가 훨씬 부드러워질 수 있다는 걸, 꼭 기억해 주세요.

한 가지 더 팁을 드리자면 선물 혹은 인센티브처럼 주는 그 시간에 '제목'을 근사하게 붙여주면 더욱 효과가 좋아지는데요. 여기서 주의할 점은 그 제목이 '이전에 무엇을 잘해서'보다는 '앞으로 무엇을 위해서'라는 형태를 지녀야 한다는 것입니다.

예를 들어, 업무 처리를 잘한 부하에게 '자기계발을 위한' 하루의 휴식을 주었다고 칩시다. 그렇다면 그 시간을 받은 사람은 자기계발과 하루 동안의 자유라는 상을 동시에 받게 됩니다. 부하가 그 하루를 꼭 자기계발에 쓰지 않더라도 확률적으로 기쁨이 두 배가 될 가능성은 높아지지 않을까요? 더불어 그가 자신에게 주어진 시간을 허투루 쓰는 사람인지 아닌지 살펴볼 수 있는 좋은 기회가 될 수도 있습니다 저는 시간이라는 것이 참으로 오묘하다고 생각합니다. 가지기 전에는 결코 중요한 것임을 잘 인식하지 못하기 때문에 기꺼이 돈을 주고 사겠다는 사람은 별로 없죠. 하지만 시간의 소중함을 경험해 본 뒤에는 무엇보다 좋은 선물이 될 수 있다는 걸 깨닫게 되니까요. 저를 비롯해서 다른 사람에게 줄 수 있는 것이 많지 않다고 스스로 생각하는 분들이라면 꼭 한번 생각해 보셨으면 좋겠습니다. 여러분의 주머니에 시간이라는 선물 꾸러미가 참으로 많이 들어 있다는 사실을요.

39

내 휴가를
방해하지 마세요

인간의 판단과 의사결정을 연구하는 심리학과 행동경제학 분야에서 자주 언급되는 '지불 분리payment decoupling'라는 용어가 있습니다. 사람들은 일반적으로 지불 분리를 선호한다는 것이지요. 무슨 이야기인지 지금부터 자세히 이야기해 보겠습니다.

특정한 물건을 사든 아니든 사람들은 비용의 지불이 구입의 즐거움을 갉아먹는 것을 원하지 않습니다. 이것은 인간이 가진 당연한 욕구라고 볼 수 있어요. 굳이 지불 분리라는 어려운 용어를 사용하지 않더라도 쉽게 이해할 수 있답니다.

놀이동산에서 자유이용권을 구입하지 않고 놀이기구를 탈 때마다 이용권을 구입해야 하면 사람들은 탈 때마다 이걸 탈까 말까 고민하게 되고, 타고 난 뒤에도 내가 그만큼의 돈을 낼 만큼 재미있었나를 따져보게 됩니다. 놀이기구를 하나 탈 때마다 만족에 대한 오만 생각을 해야 하니 자연스럽게 놀이동산에서 보내는 하루의 즐거움이 반감될 테죠. 그래서 대부분의 사람들은 모든 놀이기구를 자유롭게 이용할 수 있는 자유이용권을 구입합니다. 비록 놀이동산을 나오면서 '에이, 오늘은 몇 개 타지도 못했네. 자유이용권 대신 탈 때마다 티켓을 살걸 그랬나 봐'라는 후회를 종종 하지만 말입니다.

사람들은 무엇인가를 소비하거나 즐기는 순간에는 비용 지불의 고통을 시간적으로 가까운 곳에 두지 않기를 원합니다. 때때로 이러한 지불 분리가 과소비의 원인이 되기도 하는데요. "쓴 것도 없는데 카드값이 왜 이렇게 많이 나왔지? 신용카드를 없애든지 해야지 원"이라는 푸념이 익숙하게 들리는 분들이 아마 많으실 거예요. 이처럼 신용카드는 소비의 즐거움과 지불의 고통을 분리시키는 대표적인 도구입니다.

문제는 이런 지불 분리 선호도 현상이 뜻하지 않은 부작용을 발생시킬 수 있다는 점입니다. 휴가 중인 상황에서 중간중간에 일과 관련된 방해가 일어나면 아무리 그 방해가 작고 사소한 것이라고 할지라도 직원들은 그 휴가와 휴식을 위해 자신이 지불하는 비용이 분리되지 않는 이른바 비용 결합payment coupling이 발생하고 휴가의 즐거움은 급전직하하게 됩니다. 결국 회사가 직원에게 보낸 사소한 방해 때문에 직원들은 휴가를 망친 주범을 회사로 기억하게 된다는 것이지요. 따라서 사람들에게 휴가나 휴식을 부여할 때는 보낼 때 못지않게 보내고 난 뒤에도 조심해야 합니다. 잦은 연락으로 그들의 자유를 방해하지 않도록 말이지요. 직원들이 자신의 행복과 즐거움을 갉아먹는 대상이 회사라고 생각한다면, 과연 그 직원들이 조직에 충성하고 싶을까요?

이 시점에서 한 가지 고백하자면 이 글을 쓰고 있는 저조차도 얼마 전 휴가를 즐기고 있는 연구원에게 메시지를 보내 사소한 질문을 하고 말았습니다. 그리고 곧 그 연구원의 휴가를 망쳤다는 죄책감에 마음이 영 편치 않았죠. 그래서 연구원이 휴가에서 복귀한 뒤 그때 방해해서 미안했다는 말과 함께 거한 점심을 샀습니다. 그리고 연구실 컴퓨터 앞에 이렇게 적은 글귀를 한 장 인쇄해서 붙여놓았습니다.

"밥 먹을 때는 개도 안 건드린다. 쉬고 있을 때는 누구도 안 건드린다."

《40》

공정한 보상과
공정한 이익의 차이

　학창 시절 돈의 정의에 대해 배운 것을 기억하시나요? 아마도 상품 교환의 매개가 되는 물질이라고 배우셨을 것입니다. 그런데 돈은 물건을 사고팔 때 사용되는 이른바 교환의 기능만을 지니고 있지 않습니다. 무언가를 희생해야 하는 사람에게 '보상'이라는 형태로 작용하기도 하죠.

　세상을 살아가다 보면, 누군가로 하여금 일정 수준의 희생을 감수하라고 요구할 수밖에 없는 경우가 종종 있습니다. 그 희생이 토지나 건물과도 같은 실체적인 것도 있겠지만 시간과 같은 무형적인 경우도 있기 마련이죠. 거래는 양쪽 모두 의지가 충분할 때 이루어지지만, 이런 희생은 더 큰 대의나 가치를 위해 자의와는 상관없이 무언가를 내놓아야 하는 경우가 대부분입니다. 대규모 산업단지나 주거단지를 조성할 때 수용되는 토지의 소유주들이나 조직의 신사업을 위해 개인 시간을 당분간 희생해야 하는 경우에 이르기까지 이런 상황은 매우 다양하게 벌어지죠. 그런데 그 희생이나 참여에 따른 보상의 기준은 사람마다 모두 다릅니다. 누군가는 공정한 보상이라고 생각하지만 또 다른 누군가는 불만을 가질 수 있다는 뜻이지요.

보상을 제시하는 쪽과 그것을 받아들이는 쪽 사이에는 늘 다른 생각이 존재합니다. 게다가 이로 인한 불화는 그 희생에 기초해 새로 생긴 파이나 성과를 나눌 때보다도 당연히 더 크게 발생합니다. 그렇다면 어떻게 해야 할까요? 아쉽게도 정답은 없습니다. 아니 하나의 황금법칙은 결코 존재할 수 없다는 말이 더 정확하겠네요. 하지만 여기에도 중요하게 고려해야 할 핵심 요인은 존재합니다.

이와 관련해서 몇 해 전 굉장히 흥미로운 논문 하나를 심사한 적이 있습니다. 중국 절강공업대학의 샤오펜 유(Xiaofen Yu) 교수가 이끄는 연구진이 그 주인공인데요.[20]

이들은 지금도 종종 사회 문제로 대두되는 철거 보상에 관한 심리적 단계를 항저우 지역에 실제로 거주하는 철거 주택 소유자들을 대상으로 조사했습니다.

연구진은 우선 최소 보상 금액, 현재 시세, 그리고 최대 기대 보상 금액이라는 세 개의 참조점을 설정했는데요. 문자 그대로 보상을 받을 수 있다고 생각하는 최소 금액, 현재의 대략적 시세, 보상을 받을 수 있을 것으로 기대하는 최대 금액을 의미합니다. 연구진은 조사 대상자들에게 다양한 보상 금액을 제시하면서 다른 철거민들이 얼마나 받는가에 대해서도 알려주었죠. 그 결과 매우 흥미로운 차이가 관찰됐는데요. 금액의 구간에 따라 자신이 제시받은 금액이 공정한가의 정도를 따지는 데 참조하는 정보가 다르더라는 것입니다.

최소 보상 금액에서 현재 시세 사이의 금액을 제시받을 때는 다른 사람들을 전혀 신경 쓰지 않았습니다. 단순하게 보상받는 금액이 많으면 많을수록 공정한 보상이라고 응답하는 비율이 상승했죠. 하지만 현재 시세와 최대 보상 금액 사이의 금액을 제시받을 때는 다른 사람들과 보상 금액이 같을수록 공정하다고 응답하는 경향이 높아졌습니다(엄밀히 말하자면 이는 공정보다는 공평에 가깝습니다). 물론 최소 보상 금액 이하의 금액을 제시받을 때는 아무리 다른 사람보다 보상액이 많다고 알려줘도 매우 불공정하다는 반응을 그것도 매우 극단적으로 드러냈습니다.

이 결과가 의미하는 바는 무엇이겠습니까? 사람들은 '아무리 적어도 이만큼은 보상받아야 한다'는 지점에 도달하기 전까지는 자신만의 절대 기준에 기초해 생각합니다. 하지만 그 최소한의 보상 지점을 지나 좀 더 이익을 취하는 단계에 이르면 다른 사람들과의 형평성을 그 무엇보다도 중요하게 생각합니다. 즉 비교에 의해 공정함을 판단한다는 것이죠.

따라서 사람들에게 보상을 해줄 때 그 금액이 그들의 기대나 다른 조직의 평균(즉 현재 시세)에 못 미친다면 누구에게도 공정하다는 느낌을 주기는 어려울 것입니다. 심지어 가장 많이 보상받는 사람조차 공정하다는 느낌을 가지지 못할 가능성이 크죠. 그러니 이 때는 깨끗하게 사과하고 진심 어린 자세로 이해를 구하는 편이 낫습니다.

하지만 평균을 넘어서는 수준으로 보상해 사람들로 하여금 무언가 더 받는다는 느낌을 줄 수 있는 상황이라면, 다른 사람들과 차등이 없다고 생각하게끔 해주는 것이 그 무엇보다도 중요합니다. 같은 보상액이라도 어떻게 쓰느냐에 따라 이렇게 사람들의 마음을 달랠 수도 있고 분노하게 만들 수도 있다는 뜻이지요. 보상의 공정과 이득의 공정은 이렇게 매우 다른 차원의 판단 영역이랍니다.

《41》

불확실한 돈의 매력

우리가 고대나 중세 시대의 왕이나 높은 계급의 귀족이 아닌 이상 타인에게 줄 수 있는 것은 그리 많지 않습니다. 하지만 그렇다고 해서 실망할 필요는 없어요. 무언가를 줄 때 크기 못지않게 중요한 것이 방법이기 때문인데요. 따라서 타인에게 무언가를 주는 방법에 절묘한 변화를 주면 상대방으로 하여금 자신이 받는 것을 더욱 매력적으로 보이게 만들 수도 있습니다. 게다가 우리가 주는 것이 돈이라면 그 효과는 더욱 커지는데요. 동기 부여라는 변수가 존재하기 때문입니다.

그 점을 절묘하게 보여주는 연구를 실제로 발표한 사람들이 있습니다. 홍콩 차이니스 대학의 루시 센Luxi Shen, 시카고 대학의 아일릿 피스백Ayelet Fishbach, 크리스토퍼 씨Christopher Hsee 교수가 그 주인공인데요. 이들은 동기 부여 분야에서 세계 최고 수준의 석학이라고 불러도 손색이 없는 분들로 이들 연구진은 보상, 즉 돈의 크기가 확실할 때보다 오히려 불확실할 때 더 사람들의 동기를 자극할 수도 있다는 아주 재미있는 사실을 밝혀냈습니다.[21] 게다가 그 돈이 불확실하면서 액수가 적을 때조차에도 이 효과는 여전히 유지되었는데요. 우리가 가진 상식과는 완전히 대치되는 결과가 아닐 수 없습니다. 연구진 스스로 '불확실한 동기화 효과motivating-uncertainty effect'라고 이름 붙인 이 현상이 왜 그리고 어떤 과정을 거쳐 일어나는지 자세히 살펴보시죠.

연구진은 두 가지 게임을 설계했습니다. 게임 A는 50%의 확률로 2달러를, 나머지 50%의 확률로 1달러를 받을 수 있습니다. 게임 B는 2달러를 100% 확률로 받을 수 있습니다. 다시 말해 게임 A는 보상의 크기가 불확실한 반면 게임 B는 보상의 크기가 확실하고 게임 A보다 기대 가치도 큽니다.

연구진은 이 두 게임을 가지고 사람들에게 한 가지 과제를 시켰는데요. 2분 동안 빨대를 이용해 1.4리터의 물을 마셔야 하는 다소 엉뚱한 일이었죠. 인체에 해로울 정도는 아니지만 한 번에

물을 1.4리터나 마시는 일이 흔하지 않기 때문에 참가자들은 '이 걸 왜 해야 하나'라는 다소 불만 섞인 표정으로 물을 마시게 됩니다. 그런 뒤 1.4리터를 다 마시면 약속대로 2달러를 받습니다. 이 상황이 확실한 보상 조건입니다.

반면 불확실한 보상 조건의 참가자들 역시 1.4리터의 물을 마셔야 합니다. 하지만 차이가 하나 있다면 물을 마신 뒤 진행자가 동전을 던져 앞면이 나오면 2달러를, 뒷면이 나오면 1달러를 받는 것이죠.

결과의 차이는 확연했습니다. 불확실한 보상 게임에 참가한 사람들의 70%가 1.4리터의 물 마시기를 완수한 반면, 확실한 보상 게임을 한 사람들은 단 43%만이 과제를 마친 거죠. 27%라는 꽤 큰 차이가 발생한 것입니다. 심지어 성패를 떠나 참가자들이 마신 물의 총량도 평균 1.2 대 0.95리터로 불확실한 조건이 훨씬 더 많이 마셨으며 그 차이는 거의 25%에 육박했습니다. 다시 말해 불확실한 보상 조건 아래 있던 참가자들이 더 크게 동기 부여된 것이죠.

이러한 현상은 물 마시기 과제에서만 관찰된 것이 아니었습니다. 추가 연구에 따르면 광고 시안을 평가하는 과제와 같이 진지하고 중요도가 높은 일들에 대해서도 불확실한 보상 조건하에 있는 사람들이 확실한 보상을 받는 사람들보다 더 열심히 일을 하는 것으로 나타났습니다. 심지어 2달러를 받을 확률 50%와 3달러를 받을 확률 50%와 같이 불확실한 보상 내에서 발생하는 모든 경우의 수가 확실한 보상 금액(예를 들어 4달러)을 넘어서지 못해도 같은 결과가 일어났습니다.

이렇게 의아한 결과가 발생한 이유는 무엇일까요? 사람들은 보상이라는 일의 '결과' 못지않게 일의 '과정'에도 큰 의미를 두며 더 나아가 각각의 변수를 즐기는 것을 중요하게 생각하기 때문입니다. 사실 확실한 보상은 결과가 뻔한 반면에 불확실한 보상은 어느 결과가 일어날지 모르니 사람들로 하여금 흥미를 자아내게 하죠. 결말이 뻔한 영화는 아무리 잘 만들어도 사람들이 안 보는 것과 마찬가지 이유입니다.

여기서 한 가지 주의해야 할 점이 있습니다. 불확실한 동기화 효과는 보상을 추구하는 과정에 초점을 맞출 때만 일어난다는 사실입니다. 즉 결과인 보상 자체에만 초점을 맞출 때는 그 효과가 일어나지 않는다는 것이죠. 왜냐하면 보상을 추구하는 과정에 사람들이 초점을 맞출 때는 불확실함이 희열이나 흥미와 같은 긍정적 측면을 자극하기 때문입니다. 그래서 수익률과 같은 결과에만 집중하는 방식의 생각은 투자를 줄이는 현상으로 명확히 연결되지만 과정에 집중하면 시간, 노력, 돈 어느 것이든 더 투자하게 만듭니다. 따라서 좋은 '큰 결과 하나'만 강조하기보다는 그 일의 과정에서 얼마나 많은 '작지만 다양한 변수'들이 있는가에도 관심을 가져야 하는 거죠. 만약 그것이 금전적 투자라면 투자 대상의 다양한 발전과 실적이, 조직의 일이라면 업무 과정에서 파생되는 특허나 기법, 노하우에 대한 세심한 평가와 기록이 되겠지요. 보상 역시 결과보다 과정이 중요하다는 사실을 꼭 기억하시기 바랍니다.

《42》

협상의 기술

　우리들은 하루에도 몇 번씩 크고 작은 협상을 하며 살아갑니다. 이런 협상은 아주 가까운 사이에서도 얼마든지 일어나지요.
　저희 집에서 가장 자주 일어나는 협상은 바로 저녁 메뉴 쟁탈전입니다. 집에서 밥을 자주 먹는 아이들은 음식을 시켜 먹자고 주장하고, 거의 매일 바깥 음식을 먹어야 하는 저는 집밥이 먹고 싶다고 주장하는 것이지요. 물론 밥을 차려야 하는 아내는 당연히 아이들 편입니다. 이럴 때 중요한 것이 적절한 협상입니다. "아빠가 내일 저녁 약속이 있으니, 너희가 먹고 싶은 피자는 내일 먹으면 어떨까?", "우리 오랜만에 엄마가 해주는 닭볶음탕 먹으면서

넷플릭스 볼까?" 등등 어느 한쪽이 불만을 갖지 않도록 적절한 선에서 타협을 계속해야 하는 것입니다.

심리학에는 '닻 내림 효과$_{\text{anchoring effect}}$'라는 말이 있습니다. 닻을 내린 배가 크게 움직이지 않듯 처음 접한 정보가 기준점이 돼 판단에 영향을 미친다는 뜻이지요. 금전적 협상에서는 이 효과가 더욱 두드러지는데, 협상 당사자들 중 어느 쪽이든 먼저 내놓은 말의 영향력이 지배적이기 때문입니다. 그렇다면 협상에서 무조건 먼저 의견을 내는 쪽이 유리한 것일까요? 지금부터 그 닻을 우리에게 유리하게 만들 수 있는 방법에 대해 알아보기로 합시다. 그것도 상대방의 기분을 덜 나쁘게 하면서 말이지요.

독일 독일 로이파나 대학의 심리학자 요한 마요르$_{\text{Johann Majer}}$ 교수 연구팀은 참가자들에게 가상의 회사에 대한 주식을 서로 분배하는 게임을 시켰습니다.[22] 그리고 절반의 참가자들은 '제안$_{\text{offer}}$'을, 나머지 절반은 '요청$_{\text{request}}$'을 먼저 하도록 했죠. 제안과 요청의 차이는 일종의 맥락에 있습니다. 제안은 상대방에게 무엇을 주는 것이고 후자는 무언가를 가져오는 것에 초점을 맞추기 때문입니다. 제안과 요청의 메시지도 서로 달랐습니다. 제안은 "주식 15주를 각각 ○달러에 드리겠습니다"였고, 요청은 "각각 3달러에 주식 ○주를 요청합니다"였죠.

물론 상대방 역시 제안을 할 수 있으며 양측이 합의할 때까지 협상은 계속되었습니다. 결과는 어땠을까요? 협상의 시작을 상대방에게 제안하는 것으로 시작한 사람들이 요청으로 시작한 사람들보다 더 많은 이득을 보았으며 더 빠르게 합의에 도달했습니다. 이 결과가 의미하는 것은 과연 무엇일까요?

협상에 임할 때 첫마디를 상대방이 얻게 될 것에 초점을 맞추면 닻 내림 효과가 발생하면서 결과적으로 나에게 유리해질 가능성이 커집니다. 반대로 나의 첫마디가 요청의 형태를 띠고 있다면 상대방은 즉각적으로 자신이 포기해야 하는 것에 초점을 맞추게 되죠. 이런 경우 상대방은 나의 제안을 거부하고 공격적으로 나올 가능성이 커지기 때문에 협상은 당연히 지연될 수밖에 없습니다.

협상은 모든 관계에서 발생합니다. 그리고 우리는 그 협상에서 조금이라도 더 나에게 유리한 결과가 일어나기를 바라지요. 이를 위해서는 역설적이게도 상대방이 얻을 수 있는 것에 초점을 맞출 필요가 있습니다. 여기에서 또 하나 중요한 점이 있는데요. 그 첫 제안을 나와 상대방 모두에게 유리하도록 만드는 것입니다. 심리학자들이 관찰한 결과 패를 숨기는 사람보다 그렇지 않은 사람이 승기를 잡는 경우가 더 많았는데요. 설령 우리가 보여준 패에 상대방이 조금도 움직이지 않더라도 여전히 우리에겐 얻을 것이 있습니다. 바로 시간입니다. 상대방이 나와의 협상에 조금도 관심이 없다면 소중한 우리의 시간을 낭비하지 않아도 되기 때문이죠.

그렇다면 이제 결론은 간단합니다. 협상에서는 상대방이 얻을 수 있도록 최대한 배려하고, 내가 얻을 수 있는 것에 대해서는 솔직하게 밝힌 다음 '최대한의 이기심과 지략'을 발휘하십시오. 그 이후에는 시간을 아끼는 지혜가 필요합니다.

《43》

호구가
되지 않으려면

여러분이 지금 어떤 물건 하나를 사기 위해 흥정 중이라고 가정해 봅시다. 가게 주인에게 가격을 물으니 2만 원이라고 대답하네요. 이곳은 흥정이 가능한 시장이기 때문에 1만 8천 원에 달라고 슬쩍 물어봤습니다. 그랬더니 상인이 "그건 좀 어렵고, 1만 9천 원에 가져가세요"라고 하네요. 목표를 달성하지는 못했지만 여러분은 천 원을 저렴하게 살 수 있다는 생각에 얼른 물건을 샀습니다. 그리고 기분이 내심 좋아집니다. '내가 흥정을 좀 할 줄 안단 말이야'라는 일종의 뿌듯함도 들고 말이지요. 제가 여러분의 기분을 좀 파괴해 볼까요? 세상에 밑지고 파는 상인은 없습니다.

여러분은 그 상인의 상술 안에서 움직인 것뿐이죠. 이것 역시 앞에서 설명한 닻 내림 효과의 일종입니다.

2만 원인 물건을 10% 할인해서 1만 8천 원에 사게 되면 사람들은 자신이 싼 가격에 물건을 구입했다고 생각합니다. 하지만 재미있게도 "저 물건이 얼마면 사겠는지 스스로 가격을 매겨보세요"라고 하면 추정가는 1만 5천 원, 즉 25% 정도 싼 가격을 답한다는 것이죠. 또 사람들에게 물건 가격이 2만 원이라고 미리 알려준 다음 흥정을 시작해 보라고 하면 그 가격에서 10% 정도만을 내린 1만 8천 원에서 출발합니다. 정말 재미있는 불일치 아닌가요? 우리가 여기에서 알 수 있는 사실은 어떤 물건이나 대상에 대해 미리 가치를 매겨놓지 않으면 사람들은 상대방이 설정한 가치의 틀 안에 철저히 들어가게 된다는 것입니다. 그래서 심리학자들은 '영리한 쇼핑객Smart Shopper'이 되고 싶은 사람들에게 이렇게 조언합니다.

"마음에 드는 물건을 발견했다면 가격표를 보기 전에 본인이 생각하는 가격을 마음속으로 미리 매겨놓아라."

스스로 가격을 매기지 않고 상대방이 정해놓은 가격표를 보는 순간 우리는 판매자의 상술에 질 수밖에 없습니다. 우리가 마주하는 대부분의 가격표 위에는 "○○% 파격 세일! ○○○○원 할인!"이라고 적혀 있습니다. 사람들은 할인, 세일이라는 말에 흡족해하며 그 물건의 현재 가격이 아닌, 실체와 이유를 알 수 없는 세일 전의 가상 가격을 그 물건의 가치라고 믿은 채 서둘러 장바구니에 담습니다. 하지만 사전에 "저 물건은 ○○○○원 이하면 산다"라고 미리 마음먹어봅시다. 이렇게 되면 심지어 그 물건의 가격표에 90% 할인이라는 치명적인 문구가 달려 있다고 하더라도 내가 미리 정한 가격보다 비싸다면 결코 만족할 수 없겠죠. 다시 말해 판매자의 상술에 지지 않을 수 있다는 얘기입니다.

여전히 백화점과 마트는 이러한 상술을 통해 많은 돈을 벌고 있습니다. 소비자들이 그들이 정해놓은 임의의 숫자들로부터 벗어나지 못하기 때문이죠. 판매자의 상술에 좌우되지 않으려면 어떻게 해야 할까요? 평소에 기준 가격을 매겨 놓아야 합니다. 제가 앞에서 말씀드린 것처럼 내가 얼마나 지불할 용의가 있는가를 틈틈이 생각해 놓아야 한다는 얘기입니다. 그게 없다면 긴박하게 대화가 오가는 정신없는 거래의 순간에 항상 상대방의 기준점 부근에서 이리저리 움직이게 될 수밖에 없죠. 할인된 가격으로 물건을 사고도 만족감이 들지 않는다면 나의 기준에서 가치를 매기는 연습을 해보시기 바랍니다.

《44》

돈과 젊음의 함수관계

돈이 많으면 많을수록 행복할까요? 그렇다면 반대로 돈이 없으면 불행할까요? 아마 이런 생각들 모두 한번씩 해보셨을 것입니다. 돈이 행복의 절대적인 기준점이라고 말할 수는 없지만 어느 정도 영향을 미치는 건 다들 인정하실 겁니다. 그럼 이 질문에 대해서는 어떻게 생각하시나요? '가난한 사람은 실제 나이보다 늙어 보인다.' 동의하십니까? 그렇다면 같은 나이라고 하더라도 돈이 많으면 더 젊게 살 수 있다는 뜻일까요?

심리학자의 입장에서 결론부터 얘기하자면 돈과 젊음은 분명히 연관성이 있습니다. 여기서 제 나이를 밝히는 것은 참 쑥스럽지만 저는 1970년생으로 올해 54세입니다. 이 책을 읽고 계시는 분들은 어떻게 생각하실지 모르겠지만 저는 스스로를 꽤 젊다고 생각합니다. 그리고 결코 부자라고 볼 수는 없지만 그렇다고 가난하다고 생각하지도 않습니다.

"아니, 제가 교수님 사진을 봤는데 스스로를 젊다고 생각하신다니요?" 이렇게 제 주제 파악에 대해 따끔한 일침을 주시는 분들도 계시겠지만 제가 이렇게 말하는 데에는 중요한 이유들이 있습니다. 그리고 그 이유는 이 책을 읽고 계시는 모든 분들에게도 똑같이 적용됩니다.

일단 저는 "내가 이 나이에 무엇을 하겠어?"라는 생각을 거의 하지 않습니다. 그리고 교수로서, 심리학자로서, 그리고 두 딸의 아빠로서, 남편으로서, 우리 사회의 한 구성원으로서 아직 갈 길이 멀다고 생각합니다. 그래서 무엇이든 열심히 하려고 하죠. 또한 나이 이야기 자체를 잘 하지 않는 편이기도 합니다.

반면에 저와 비슷한 연령대 중에서는 걸핏하면 "이 나이에 뭘", "어차피 늦었어", "나이도 많은데 무슨" 같은 말을 달고 사는 분들이 꽤나 많습니다. 이런 분들이 과연 새로운 것에 도전하고 더 나아지기 위한 노력을 할까요? 저는 그렇지 않다고 생각합니다. 그리고 제자리에 정체되어 아무것도 하지 않으려고 하는 사람과 조금씩이라도 성장을 게을리하지 않는 사람의 차이는 조금만 시간이 흘러도 뚜렷해집니다.

심리학자들은 실제 나이와 주관적 나이subjective age 사이에 어느 정도 차이가 있는 게 좋다고 조언합니다. 자신의 실제 나이보다 스스로를 젊게 생각하는 사람일수록 건강한 식생활과 운동 습관을 가진 것으로 조사되었기 때문이죠. 그리고 이런 사고는 부의 축적에도 긍정적 효과를 끼치는 것으로 나타났습니다.

아주 재미있는 연구를 하나 살펴볼까요? 베를린 훔볼트 대학 심리학과의 마르쿠스 베트슈타인Markus Wettstein 교수는 1996년부터 2000년까지 총 7회에 걸쳐 40~85(평균 61)세 사이에 해당하는 다양한 사람들을 대상으로 연구를 시행했습니다. 조사 시점은 2002, 2008, 2011, 2014, 2017, 2020년입니다.

연구에 참가한 사람들은 총 19,745명으로 각 연도당 참가자들은 최소 3,084명에서 최대 6,205명에 이릅니다. 참가자들은 자신의 실제 나이와 자신이 주관적으로 느끼는 나이에 대해 각각 응답했으며 교육 수준, 소득 수준, 건강 상태, 외로움 정도 등에 대한 질문들도 추가로 받았습니다.

결과를 요약하면 다음과 같습니다. 일단 40세가 넘어가면서 사람들은 자신을 실제보다 더 젊게 느끼는 경향이 점점 더 강해졌습니다. 80대와 90대에서는 더욱 그 격차가 벌어졌는데요. 평균적으로 자신의 실제 나이보다 약 11% 정도 스스로를 젊게 평가하고 있었습니다. 예를 들어 실제 나이가 45세일 경우 자신을 40세 정도로 인식한다는 뜻입니다.

이러한 경향은 여성일수록, 교육 수준이 높을수록 더 강하게 나타났습니다. 또 한 가지 재미있는 것은 나이가 어릴수록 격차가 더 커진다는 점인데요. 1935년 이전 출생자들이 가장 적은 격차를, 1936년부터 1951년 사이에 태어난 사람들은 상당한 격차를, 1952년 이후 출생자들이 가장 큰 격차를 보인 것이지요.

그런데 여기서 중요한 점은 스스로를 외롭다고 응답한 사람의 경우 실제 나이와 주관적 나이의 격차가 현격하게 줄어드는 양상을 보였다는 데 있습니다. 그리고 이는 부의 크기와도 상당히 재미있는 관계를 보였지요. 바로 외로우면서 부자인 사람이 자기 자신과 타인 모두에게 부적응적인 행동을 많이 보이더라는 것입니다.

최근 SNS에서 1980년대의 20대와 현재의 40대 사람들의 사진을 비교한 게시물을 본 적이 있습니다. 1980년대의 20대 사람들은 결코 20대라고 보기에 믿기 어려울 만큼 노안의 모습을 띠고 있었는데요. 과거의 나이에 0.8을 곱해야 요즘 나이와 맞는다고 할 만큼 최근 세대들은 자신을 젊게 느끼고, 더 의욕적으로 일하고, 자기 자신을 꾸준히 계발해 나갑니다.

하지만 외로움은 반대의 양상이 일어납니다. 게다가 돈이 외로움이라는 변수를 만나면 사람들을 양극으로 몰아넣습니다. 그곳이 유토피아든 디스토피아든 상관하지 않고 말이지요. 그래서 돈이 많을수록 사회의 다양한 사람들, 특히 도움이 필요한 이들과 공존할 수 있는 방법을 깊이 고민해야 합니다. 물론 그 과정에서 뜻하지 않은 배신감을 느껴야 할 경우도 있을 것입니다. 하지만 그런 소수의 사례를 일반화시켜 '머리 검은 짐승은 거두는 것이 아니다'라든가 '사람은 고쳐 쓰는 것이 아니다'라는 말을 신념으로 삼는 어리석음은 피해야 합니다. 만약 그런 일이 생기더라도 속은 좀 쓰리겠지만 사람 보는 눈을 키울 수 있는 기회였다고 생각할 수 있지 않을까요?

나이는 숫자에 불과하다는 말은 결코 허황된 유행가 가사가 아닙니다. 다만 여기서 중요한 점은 외로움을 줄이는 것입니다. 다양한 사람들과 느슨한 관계를 두루 경험하면서 사회적 관계망을 넓히세요. 젊고 부유하게 살 수 있는 가장 좋은 방법일 테니까요.

45

저축에도
전반전과 후반전이 있다

커피를 열 잔 마시면 한 장을 공짜로 먹을 수 있는 쿠폰, 많이 들 갖고 계시지요? 지금 제 지갑 안에도 두어 곳의 쿠폰이 살포시 들어 있습니다. 그런데 영리한 주인이 운영하는 커피 전문점에서는 열두 잔 마시면 커피 한 잔 공짜라는 말과 함께 처음 두 칸에 도장을 찍어서 제공합니다. 어차피 열 잔을 마셔야 공짜로 한 잔을 더 마실 수 있는 건데 뭐가 다르냐고요? 다음 연구를 함께 보시죠.

컬럼비아 대학의 란 키베츠Ran Kivetz 교수는 처음 두 칸에 도장을 찍어서 제공한 쿠폰을 받은 사람들이 비어 있는 열 개의 빈칸을 채워야 하는 사람들보다 더 열심히 커피를 구입한다는 것을 관찰했습니다.[23] 어차피 열 잔을 마셔야 하는 일인데 대체 무슨 차이인 걸까요? 답은 바로 '시작'이라는 키워드에 있었습니다. 이미 두 칸이 시작되어 있었기 때문에 완성까지 지속할 힘이 생긴 것이지요. 하지만 이것이 다가 아닙니다. 남아 있는 빈칸을 더 빨리 채우게 하는 방법에는 정반대의 무언가가 필요한데요. 이것을 살펴보는 일은 돈을 빨리 모으고 싶어 하는 사람들에게 매우 의미 있는 통찰을 보여줍니다.[24]

뉴욕 대학교의 안드레아 보네찌Andrea Bonezzi 교수와 노스웨스턴 대학의 미구엘 브렌들Miguel Brendl 교수는 인간이 어떤 목표를 향해 나아갈 때 초반부냐 후반부냐에 따라 각기 다른 메시지에 더 강하게 동기부여 된다는 것을 실험적으로 입증했습니다.

기부 행위, 리포트 채점 등 다양한 일들에 있어서 초반부에는 이른바 '지금까지 얼마나 했나'의 메시지가 존재할 때 사람들은 더 강하게 자극받았습니다. 아까 그 커피 쿠폰의 미리 채워진 두 칸처럼 말이죠. 하지만 후반부로 갈수록 지금까지 얼마를 했냐가 아니라 '앞으로 얼마가 더 필요한가'와 같은 메시지에 크게 반응했습니다. 그러니 쿠폰의 열 칸 중 '무려 여덟 칸이나 찍었네'라고 생각하기보다는 전화든 문자 메시지든 누군가가 고객에게 '이제 단 두 칸만 남았다'라고 다시 알려줘야 한다는 것이죠.

또 '지금까지 얼마나 했나'에 관한 메시지가 후반부까지 계속될 경우 아무런 메시지를 듣지 않고 그 일을 했던 사람들보다도 오히려 덜 열심히 하게 된다는 결과가 추가 연구를 통해 관찰되었습니다. 일종의 '안이함'이 자리 잡게 되는 것인데요. 심리학자들은 이렇게 어떤 행위를 해나가는 과정의 전반전과 후반전에 각각 다른 메시지에 자극받는 것을 '지금까지$_{\text{to-date}}$' 대 '앞으로 얼마나$_{\text{to-go}}$' 형태의 정보에 더 민감하다고 설명합니다.

이러한 경향은 저축에 있어서도 예외가 아닌데요. 앞에서 살펴본 동기부여 방식을 저축에 접목해 보겠습니다. 저축을 잘하기 위해서는 다음과 같은 순서가 필요한데요. 가장 먼저 저축을 하는 목적, 즉 목표로 삼을 만한 제목이 있어야 합니다. 그리고 그게 종잣돈이든 1억 만들기든 실행의 전반전에는 내가 지금까지 얼마나 모았는가를 떠올리는 것이 저축을 계속해 나가는 동기가 되어 줍니다. 하지만 목표한 저축 금액의 절반을 넘기면 이제 반대로 얼마나 남았는가에 집중해야 합니다. 그래야만 '이만하면 됐다' 하는 식의 이른바 긍정적 포기를 막을 수 있죠.

목표를 향해 가는 인간의 마음은 과정과 시점에 따라 매우 큰 영향을 받습니다. 따라서 "왜 나는 이렇게 줏대 없이 마음이 갈팡질팡할까?" 혹은 "나는 왜 이렇게 외부 환경에 쉽게 흔들릴까?"라고 자책하거나 속상해할 필요가 없습니다. 반대로 생각해 보면 우리 자신에게 스스로 동기를 부여할 수 있는 방법이 그때그때 존재한다는 뜻이니까요.

46

카지노와 백화점

 카지노에 없는 세 가지가 무엇인지 아십니까? 바로 창문, 거울 그리고 시계입니다. 왜일까요? 카지노 운영자의 입장에서 생각해 보면 이해가 가실 겁니다. 밤새 도박을 하다가 새벽을 지나 아침 햇살이 스며드는 창문을 바라보는 순간 사람들은 '아! 내가 너무 오래 도박에 빠져 시간을 보냈구나' 하고 집으로 돌아갈 테니까요.

 거울 역시 마찬가지입니다. 도박으로 지쳐 있거나 심지어 피폐해져 있는 자신의 모습을 보는 순간 도박에서 빠져나올 가능성이 올라가기 십상이죠. 그렇다면 시계가 없는 이유도 쉽게 아시겠지요? 무언가 다른 걸 해야 할 시간인 것을 깨닫는 순간 그 일을 하러 도박장 문을 나설 수 있기 때문입니다.

사실 카지노에서 위의 세 가지 물건이 사라진 이유는 심리학자들이 열심히 연구를 했기 때문인데요. 심지어 라스베이거스 부근에 위치한 네바다 주립대학 심리학과 교수들의 절반은 사람들이 카지노에서 돈을 많이 쓰게 하는 방법을 연구하고 나머지 절반은 도박 중독을 치료한다는 우스갯소리마저 있을 정도입니다.

그런데 도박장에서 돈을 탕진하는 사람 못지않게 많은 수의 사람들이 백화점에서 자기 지갑을 비웁니다. 저희 아내는 평소에 운동을 너무 싫어해서 잠깐 산책만 나가도 쉽게 지치고 힘들어하는데요. 백화점에만 가면 어디서 그런 에너지가 나오는지 3만 보는 너끈하게 걷는 것 같습니다. 물론 저는 그 반대지만요. 아무튼 백화점의 내부를 찬찬히 떠올려보세요. 이곳에도 창문과 시계는 찾아보기 어렵습니다. 그런데 거울은 지나치리만큼 곳곳에 설치되어 있습니다. 그 이유는 무엇일까요?

거울을 통해 현재 초라한 자신의 모습과 손만 뻗으면 닿는 거리에 있는 수많은 화려한 물건들로 한껏 치장한 자신을 비교해 빨리 구입하지 않고는 견디지 못하게 만들기 위해서입니다. 심지어 복도 쪽 거울과 매장 안에서 새 옷을 입고 살펴보는 거울의 각도도 살짝 다르다고 하니(어쩐지 옷을 입어볼 때는 홀쭉했던 배가 이상하게 집에만 오면 나와 보입니다) 백화점 역시 심리학 지식이 치열하게 사용되는 곳이지요(이 사실을 모두 잘 알고 있는 저도 속아넘어가고 있으니 말입니다). 더불어 이러한 단편적인 사실을 조금만 더 깊게 생각해 보면 우리가 어떻게 돈을 다뤄야 하는지가 분명해집니다.

카지노에서 창문, 거울, 시계를 모두 볼 수 없게 만드는 것은 이미 사람들이 도박에 '몰입'되어 있기 때문입니다. 그런데 백화점에서 사람들에게 기대하는 것은 몰입이 아니지요. 수많은 상품의 구입을 '결정'하기 원합니다. 즉 카지노와 백화점이 다른 것은 결정의 상황으로 구분할 수 있습니다. 그리고 이 둘의 가장 중요한 차이는 거울의 유무, 즉 자아를 보느냐 아니냐로 갈릴 수 있습니다. 무언가에 몰입해 있는 사람에게 자신을 순간순간 되돌아보게 하는 것은 결코 도움이 되지 않습니다. 하지만 결정은 자기 자신에 대한 고민 없이 결코 이루어지지 않죠. 따라서 만약 결정을 내려야 하는 순간이 임박했다면 우리는 이제 자신을 명확하게 볼 수 있는 환경으로 스스로를 옮겨야 합니다. 거울 앞이든 혼자 있는 시간이든 잠시라도 외부 영향 없이 오롯이 혼자 생각할 수 있는 시간이 필요한 것이지요. 물론 거울에 비친 나를 바라보는 게 진지하게 스스로를 돌아보는 일이라 말할 수는 없지만, 어찌 되었든 결정을 내리기 위해서는 그런 시간이 반드시 필요합니다.

이제 왜 우리가 카지노에서 돈을 탕진하고 백화점에서 낭비하는지가 분명해지셨지요? 몰입할 일이 없으면 인간은 도박이라는 유혹에 빠져들 가능성이 큽니다. 따라서 평상시에 자신의 주관이나 관점에 대해 기준을 갖고 살아가는 것이 중요합니다. 그렇지 않으면 백화점 곳곳에 설치해 놓은 거울에 비친 나의 모습에 순간적으로 속아 넘어가 지갑을 열기 십상이니까요.

《47》

사회가 만들어내는 WANT, 나만 알 수 있는 LIKE

"이 정도는 날 위한 보상이라고 생각하면 되지 않을까?"

"열심히 일한 나를 위해서 플렉스!"

"지름신이 내려서 어쩔 수가 없었다고…."

우리는 언제 지갑을 열까요? 그리고 그것을 사지 못하면 왜 안달복달할까요? 보통 이런 경우는 필요한 물건이 아니라 가지고 싶다는 욕구 때문에 소비하게 되고 이런 걸 우리는 보통 충동구매라고 부르죠.

우리로 하여금 강렬한 소비의 욕구를 불러일으키는 이른바 지름신의 정체는 크게 두 가지입니다. 바로 WANT 지름신과 LIKE

지름신인데요. 이 두 지름신이 어떻게 우리의 지갑을 열게 하는지, 그리고 그 결과는 무엇이 다른지 한번 살펴봅시다.

최근 심리학자들이 발견해 낸 결과 중 굉장히 흥미로운 사실 하나가 있는데요, 바로 좋아함$_{LIKE}$과 원함$_{WANT}$의 차이가 생각보다 훨씬 더 명확하고 분명하다는 것입니다.[25] 따라서 이 둘의 차이를 제대로 이해하는 것은 만족스러운 소비와 생활에 매우 중요한 요소가 되겠지요.

10년도 훨씬 더 전의 일입니다. 딸아이와 함께 놀이동산에 간 적이 있었는데요. 놀이동산 입구에 도착한 아이가 주위를 두리번거리더니 대뜸 풍선을 사달라고 조르더군요. 주변을 둘러보니 다른 아이들 손에 알록달록한 풍선이 하나씩 들려 있더라고요. 풍선의 가격표를 본 저는 아이의 시선을 딴 곳으로 돌리고 싶었지만 이내 실패하고 맙니다. 결국 제 딸은 기세등등하게 풍선을 손에 쥐었죠. 아, 그런데 잠시 후. 풍선을 잡은 아이의 손에 힘이 빠지면서 하늘 높이 풍선이 날아가고 말았습니다. 내 돈! 저기 내 돈이 날아간다! "저 풍선이 얼마짜리인데!" 저는 결국 딸아이에게 매우 모양 빠지는 모습으로 성질을 벌컥 내었고 우리 가족의 즐거웠던 주말 나들이는 풍선과 함께 송두리째 날아가버리고 말았습니다.

혹시 눈치 채셨습니까? 바로 이것이 좋아함LIKE과 원함WANT의 차이입니다. 제 딸아이에게 풍선은 WANT의 대상이었던 것이죠. 그렇다면 아이는 왜 풍선을 강하게 원했을까요? 맞습니다. 바로 주위의 다른 아이들이 풍선을 가지고 있었기 때문입니다. 자기만 풍선을 가지고 있지 않은 그 상황이 불편했는데 얼마 지나지 않아 풍선을 가지고 있는 아이들이 거의 없는 장소에 이르게 되니 딸아이는 풍선에 흥미를 잃고 말았던 것이죠.

이런 일은 우리의 일상에서도 흔히 일어납니다. 무심코 친구들의 SNS를 구경하다가 "어? 얘도 샤넬 가방을 새로 샀네? 나만 없잖아?"라는 사실을 발견하게 되면 샤넬 가방을 갖고 싶은 욕구가 강하게 듭니다. 자신만 소외되었다는 상태에서 빠져나오고 싶은 즉각적이고도 강렬한 욕구죠. 사회적 동물인 인간이라면 누구나 자연스럽게 갖는 욕구입니다. 내 주변 사람들이 다 가지고 있는 것을 나만 가지고 있지 않다는 걸 아는 순간 강한 불편감과 소외감을 느끼는 게 당연하다는 뜻입니다.

학창 시절을 떠올려 보세요. 나이키 운동화, 노스페이스 패딩 등 널리 유행했던 아이템이 있을 것입니다. 그런데 만약 그 물건이 나만 없다면요? "우리 엄마는 나를 미워하는 게 분명해" 같은 생각(지금 돌이켜 보면 어리석기 짝이 없습니다만)이 들지 않을까요?

어른이 되어서도 마찬가지입니다. 친구가 멋진 자동차를 타고 모임에 나타났을 때, 회사 동료가 예쁜 옷을 입고 출근했을 때 나만 가지지 못했다는 박탈감은 상당하지요. 그리고 이 불편함은 '나도 가져야겠다'는 WANT를 순간적으로 만들어냄과 동시에 우리의 뇌를 속입니다. 이걸 내가 좋아해서LIKE 사는 것이라고, 나에게 주는 선물이라고 말이지요. 그런데 한번 생각해 봅시다. 딸아이가 저에게 풍선을 사달라고 졸랐을 때 만약 제가 아이를 달래서 풍선을 든 아이들이 없는 곳으로 잠시 데려갔다면 어땠을까요? 이 아이에게 풍선이 그저 원함의 대상일 뿐인지 아니면 진심으로 좋아하는 것인지를 제대로 판단할 수 있었지 않을까요? 다른 아이들이 없는 곳에서도 아이가 계속 풍선을 사달라고 조른다면, 아이는 풍선을 정말 좋아하고 있는 것이지만 풍선을 든 아이가 주위에 없자 더 이상 풍선에 대한 생각을 하지도 않고 있다면 그저 사회적으로 원했다는 것이 명확해지니까 말입니다.

우리가 WANT 지름신인지, LIKE 지름신를 파악하는 게 중요한 이유를 알려드릴게요. 만약 강렬한 소비의 욕구를 느꼈다면 일단 꾹 참은 뒤 며칠 후 타인과의 접촉이 적은 날을 택해 그 물건을 파는 매장에 다시 가보는 겁니다. 사회적인 압력이나 압박이 최소화된 그날에야 그 물건에 대한 나의 진짜 속마음을 들여다볼 수 있기 때문이죠. 그리고 이런 과정을 통해 더 적은 돈과 시간으로도 내가 진정으로 무엇을 좋아하는지 찾을 수 있는 효율적인 삶의 실마리가 보일 수 있죠. 이를 심리학에서는 '적정한 삶'이라고 부르는데요. 여러분께서도 적정한 삶을 기준 삼아 WANT 지름신의 달콤한 속삭임에 빠지지 않으시길 바라겠습니다.

48

무엇을 채울 것인가

　우리는 살아가면서 수많은 선택을 하게 됩니다. 오늘 저녁에 무엇을 먹을지 결정하는 소소한 일부터 진학할 학교, 직업, 회사, 더 나아가 배우자를 고르는 일도 어렵고 신중한 선택이지요. 돈을 쓰는 일, 즉 소비도 선택의 일종입니다. 그런데 선택의 주체가 분명히 '나'라고 할지라도 그 과정에서 수많은 외부 요인의 영향을 받게 됩니다. 그리고 그 요인 중 상당수는 놀랍게도 선택과 전혀 관련이 없는 요소들입니다. 그렇다 보니 관심을 받지 못한 대안이나 사람이 정작 고려되어야 할 중요한 순간에 배제되는 일이 빈번하게 발생하지요.

무슨 뜻이냐고요? 이를테면 키 큰 사람이 필요한 일이 있다고 합시다. 이때는 당연히 키 작은 사람이 후보군에서 제외되겠지요. 그런데 운동 잘하는 사람을 뽑아야 하는 순간에도 별다른 이유 없이 키 작은 사람이 후보군에서 슬며시 배제되는 일이 얼마든지 일어난다는 뜻입니다. 영국 버밍엄 대학의 심리학자인 제인 레이몬드Jane Raymond 교수는 이와 관련된 연구를 다수 진행했는데요.[26] 레이몬드 교수는 실험에 참가한 사람들을 A와 B 두 그룹으로 나눈 뒤 화면을 주시하게 했습니다. 이 화면 좌우에는 각각 그림이 등장하는데요. 한쪽에는 작은 사각형들이 있고 다른 쪽에는 작은 원들이 있죠. 이때 A 그룹의 사람들에게는 작은 사각형이 있는 그림을, B 그룹의 사람들은 작은 원이 있는 그림을 재빨리 선택하도록 했습니다. 다시 말해 A 그룹은 원을 무시해야 했고 B 그룹은 사각형을 무시해야 하는 것입니다.

한참 동안 이 과제를 수행한 뒤 이번에는 사람들에게 이전에 보여주었던 그림과 전혀 새로운 그림을 무작위로 보여주면서 그 그림에 대해 어떻게 느끼는지 물었습니다. 그 결과가 상당히 놀라운데요. 사람들은 자신이 무시해야 했던 도형이 포함되어 있던 그림에 즐겁지 않다는 평가를 내렸습니다. 심지어 지루하다는 의견도 있었는데요. 반면에 자신이 주의를 기울여야 했던 도형이 포함된 그림에는 즐겁다, 호감이 간다, 긍정적이다라는 평가를 내렸습니다.

그런데 더욱 놀라운 점은 이런 현상이 돈을 쓰는 과정, 즉 소비에서도 얼마든지 일어날 수 있다는 것입니다. 또 다른 연구를 살펴볼까요? 플로리다 대학의 크리스 야니셰프스키Chris Janiszewski 교수 연구진은 대학생들에게 물건을 정리하도록 시키면서 일부 학생들에게는 나중에 팔아야 하기 때문에 진열대 위에 올라오면 안 되는 물건들을 배제하도록 요구했습니다. 그리고 얼마의 시간이 흐른 뒤 학생들에게 해당 물건이 얼마나 마음에 드는지 판단하도록 했는데요, 결과는 어땠을까요? 이전에 물건을 분류한 일과 지금 자기에게 마음에 드는 물건을 고르는 일이 전혀 달랐음에도 불구하고 학생들이 자신이 이전에 배제했던 물건을 좋아한다고 답한 비율은 현저히 낮았습니다.

재미있는 것은 여기서 끝이 아닙니다. 이런 혼동이 바쁜 상황에서 더욱 강하게 일어나기 때문인데요. 다시 말해서 어떤 대상을 의식적으로 무시하는 것이 아니라 바쁜 일을 처리하는 과정에서 부지불식간에 무시할 때 이후의 전혀 다른 상황에서도 배제될 가능성을 더 높인다는 것입니다. 이런 연구 결과를 뒷받침하는 경우는 일상에서도 흔히 발생하는데요. 인터넷에서 뉴스 기사를 볼 때 끈질기게 시야에 들어오는 귀찮은 배너 광고를 우리는 의식적으로 배제 혹은 억압해야 합니다. 이 과정이 반복되면 나중에 그 상품을 TV 광고에서 볼 때도 좋아하지 않게 되지요. 이것이 의미하는 바는 무엇일까요? 공부든 가사든 일이든 본질적 문제에 집중하고 있지 않다는 점입니다. 만약 우리가 자신에게 중요하다고 생각하는 것, 살아가는 데 꼭 필요한 본질에 집중하고 산다면 자연스레 불필요한 물건이나 대상에 대한 소비 욕구가 줄어들게 됩니다. 외로운 사람이 물건을 많이 산다는 말은, 심리학적으로 명확한 근거가 있다는 뜻이지요.

되돌아봅시다. 여러분은 외로운 사람입니까? 그 외로움을 혹시 다른 것으로 채우려 하고 있는 것은 아닌가요? 이 질문에 고개를 끄덕이게 된다면 물건 대신 무엇을 채워야 할지에 대해 깊은 고민이 필요하다는 증거입니다.

49

돈을 벌고 싶다면
불안부터 다독여라

　　믿어야 할 사람과 믿지 말아야 할 사람. 우리 인생에 있어서 이 둘을 구별하는 일만큼 중요한 것이 또 있을까요? 배신을 하지 않을 것 같은 사람은 가까이하고 나를 이용만 하는 사람이라면 당연히 멀리해야 합니다. 그런데, 생각해 보세요. 누가 나를 배신할지 안 할지 어떻게 알 수 있을까요? 아무리 생각해도 특별한 방법이 떠오르지 않습니다. 일단 처음 몇 번은 상대방이 어떻게 하는지 믿고 지켜볼 수밖에 없습니다. 그러나 여전히 나를 배신할 것 같은 불안함이 사라지지 않고, 이러한 불안함은 누구를 믿어야 할지 제대로 파악하지 못하게 하는 걸림돌이 되고 맙니다.

미국 브라운 대학의 심리학자 오리엘 펠드만홀Oriel FeldmanHall 교수 연구진은 '신뢰 게임trust game'이라고 하는 일종의 투자 게임을 변형시킨 특별한 실험을 진행했습니다.[27]

이 연구에서 참가자는 각기 다른 세 종류의 상대방과 함께 일종의 투자 게임을 하는 상황에 놓이는데요. 상대방들은 모두 익명이며 인터넷이 연결된 컴퓨터로만 참가자와 소통할 수 있습니다. 물론 이 상대방들은 실존하지 않는 가짜입니다. 사전에 정해진 방식대로 참가자에게 결과를 알려줄 뿐이죠.

게임의 방식은 이렇습니다. 참가자는 처음에 1달러를 가지고 총 84회에 걸쳐 상대방과 투자 게임을 진행합니다. 게임이 한 번 끝날 때마다 참가자는 자신이 원하는 만큼을 상대방에게 줄 수 있는데, 상대가 받는 액수는 참가자가 주는 액수의 네 배가 됩니다. 예를 들어, 참가자가 상대방에게 1달러를 주면 상대방은 그 네 배인 4달러의 수익이 생기는 셈이지요. 그리고 상대방은 자신의 마음대로 그 수익을 참가자에게 나눠 줄 수 있습니다. 여기서 그 배분 방식에 따라 상대방의 종류가 세 가지로 나뉘는데요.

첫 번째는 처음에는 절반을 나눠 주고 이후 점차적으로 배분율을 줄이다가 중반 이후 다시 배분율을 늘리는 유형입니다. 두 번째 유형은 절반보다는 못 미치는 금액을 처음에 주기 시작하다가 점차 배분율을 줄이고 중반 이후로 다시금 늘립니다. 세 번째 유형은 처음에는 적게 주다가 점차 배분율을 늘려간 뒤 중반 이후에 다시금 줄입니다. 참가자들은 각 게임마다 이 세 유형 중 하나의 상대방과 계속 만나게 되는데요. 결국 참가자들이 각 유형을 만나는 횟수는 총 84회의 3분의 1인 28회인 셈입니다. 만약 상대방이 수익의 최소 4분의 1을 나에게 준다고 생각한다면 최대한 많은 금액을 주는 것이 이익일 것입니다. 하지만 4분의 1 미만으로 준다고 판단하면 절대 주지 말아야 하는 것이 상식이죠.

여기서 또 하나 중요한 점은 참가자들이 상대방이 사람이라고 생각하는 조건과 기계인 슬롯머신이라고 생각하는 조건으로 다시 나뉜다는 점입니다. 그렇다면 최종 결과는 어떻게 나왔을까요? 첫째, 상대방을 사람이라고 생각했을 때보다 슬롯머신으로 생각했을 때 게임당 평균 5센트 더 투자하는 것으로 나타났습니다. 즉 참가자들은 상대방이 같은 패턴으로 행동해도 사람보다 기계라고 생각했을 때 더 신뢰한다는 것이죠. 둘째, 일종의 첫인상도 중요했습니다. 즉 처음에 많이 주는 유형인 첫 번째 스타일에 사람들은 더 많은 돈을 투자했는데요. 이는 상대방을 사람이라고 생각할 때 더 강하게 나타났습니다. 셋째, 슬롯머신에 대해서는 심리적으로 불안한 사람과 그렇지 않은 사람의 행동 양상이 크게 다르지 않았습니다. 하지만 불안한 사람들은 상대방이 사람이라고 생각하는 경우 필요 이상의 금액을 상대방에게 투자하는 경향을 보였죠. 즉 상대방을 필요 이상으로 믿는 것입니다.

불안을 좋아하는 사람은 없을 것입니다. 모든 사람이 불안한 상황에 놓이는 것을 '불안'해하지만 불안은 우리 삶의 거의 모든 측면에 큰 영향을 미치고 있다고 봐야 합니다. 불안이 깊게 침투한 사회일수록 누구를 믿어야 하는가를 판단하는 일은 매우 중요한데요. 앞에서 살펴본 실험에서처럼 불안한 사람들은 자신에게 베풀지 않는 이기적인 상대방에게 필요 이상의 금액을 투자하는 잘못된 선택을 하게 됩니다. 신뢰 판단에 문제가 생기기 때문이죠. 따라서 무언가를 판단할 때, 특히 그것이 돈과 관련된 민감한 문제일수록 자신의 불안을 효과적으로 다스릴 줄 아는 능력이 무엇보다 중요합니다.

느슨한 관계를
많이 만들어야 하는 이유

돈을 벌려면 열심히 일해야 합니다. 너무 당연한 말이죠? 아마 이 사실을 모르는 사람은 없을 것입니다. "아니, 교수님. 복권에 당첨되거나 부모님이 부자면 일을 안 해도 부자가 될 수 있는데요?"라고 반박하는 분들도 계시겠죠. 맞습니다. 하지만 그건 너무 예외적인 일이니 일단 제외하고 생각해 봅시다.

열심히 일을 해서 어느 정도의 돈을 벌고 나면 사람들은 더 큰 부의 성장을 꿈꾸게 됩니다. 그게 무엇인가 하니 주식, 부동산, 코인 등에 눈을 돌리게 되죠. 그런데 많은 분들이 중요한 사실을 잊고 사시더라고요. 우리의 삶은 수많은 타인들과 연결되어 있습니다. 저만 하더라도 이렇게 책을 쓰고 강의를 하는 모든 일들이 저와 연결된 수많은 사람들과의 우연 혹은 필연적 만남에 영향을 받은 결과입니다. 그리고 얼마 되지는 않지만 그동안 제가 쌓은 부 역시 상당 부분은 그렇게 만들어진 기회들에 기초합니다. 따라서 돈을 벌수록 어떤 사회적 관계를 만들어가야 하는가는 매우 중요한 과제가 됩니다.

돈을 벌기 위해 사회적 관계를 만들라는 말이 아닙니다. 어떤 목적을 갖고, 이득을 취하기 위해 맺은 관계는 결말이 좋지 않을 가능성이 크기 때문이죠. 그렇다면 어떤 관계가 바람직할까요? 심리학자의 입장에서 조언하자면 느슨하고 다양한 관계를 만들어가라고 말하고 싶습니다.

느슨하고 다양한 관계라니 감이 오지 않으신다고요? 인간은 결코 혼자 존재하지 않습니다. 여러 사람과 상호작용하면서 살아가죠. 그런데 여기서 심리학자들이 강조하는 것이 바로 자원(부)과 이동입니다. 사람들은 자신이 속한 집단에 얼마나 많은 부가 존재하고 구성원들이 들어오고 나가는가에 따라 가까운 동료 혹은 먼 친구 중 어느 쪽에 더 많은 시간과 노력을 쓸지를 결정합니다. 그에 따른 행복과 만족에 있어서도 당연히 차이가 나죠. 다만 의식을 하지 못할 뿐입니다.

미국 버지니아 대학의 시게히로 오이시Shigehiro Oishi 교수와 런던 경영대의 셀린 케세비르Selin Kesebir 교수 연구팀은 이 점을 오랫동안 연구해 왔습니다.[28] 그 대표적인 결과를 요약하면 다음과 같은데요. 소득이 적고 사람들의 이동이 적은 지역에 사는 사람들은 아주 가까운 친구나 동료에게 대부분의 시간과 노력을 집중합니다. 왜일까요? 이동이 적은 사회나 집단 내에서는 새롭게 얻을 것이 별로 없습니다. 사람들 역시 대부분 그 위치에 존재하게 되죠. 이런 집단에 속한 사람들은 스스로 결속력을 강화시켜 '지킬 수 있는 것들을 최대한 지키는 것'에 초점을 맞춥니다. 쓸데없는 낭비와 손실을 최소화해야 하기 때문이지요. 환경과 욕구 그리고 인적 네트워크 간에 이해관계가 맞아떨어지는 결과라고 볼 수 있습니다.

하지만 어떤 지역이나 집단 내의 부가 넉넉하고 사람들의 이동이 자주 있는 곳이라면 가까운 인간관계에만 몰입하는 경향이 현저히 떨어집니다. 실제로 사람들은 소수의 극히 가까운 사람들에게 쓰는 시간과 노력을 자신을 중심으로 하는 네트워크 상에서 상대적으로 먼 거리에 있는 친구나 동료들에게도 나눠주기 시작하는데요. 더욱 중요한 건 그렇게 하는 사람들이 더 만족도가 높은 삶을 누리고 일도 잘 한다는 것입니다. 이런 경우에는 왜 그럴까요? 피를 나눈 사이라고 부를 만큼 가까운 사람이 어디론가 떠나면 내가 받아야 할 상처가 너무 큽니다. 따라서 인간관계를 좀 더 먼 거리까지 넓혀야 하죠. 그래야 더 심리적 안전이 보장되고 일하기도 수월하기 때문입니다. 가장 중요한 건 다양한 '기회'가 많아진다는 것이겠죠.

자, 이제 거꾸로 생각해 봅시다. 여러분이 돈을 어느 정도 벌어가고 있는 상황이라면 관계의 망을 넓혀 다양한 사람들과 느슨한 관계를 맺는 것에 관심을 기울여야 합니다. 돈이 있으니 그에 걸맞게 격이 있는 사람들만 만나라는 뜻이 결코 아닙니다. 여기에서 핵심어는 '다양함'입니다. 돈이 거의 없었던 시절에는 결코 나에게 허용되지 않았던 이동성을 이제 가지게 되었으니 좀 더 다양한 세상과 사람을 만나라는 뜻이지요. 그 과정에서 여러분은 더욱 넓어진 시야를 가짐으로써 의미 있는 부를 쌓아가는 선순환 구조가 만들어질 것입니다.

《51》

선택적 복지의 허구

아마도 돈을 비롯한 다양한 사회적 자원에 있어서 인류 역사상 가장 큰 골칫덩어리는 빈부의 격차가 아닐까 싶습니다. 이러한 불평등과 불공평의 문제는 국가, 사회, 조직과 같은 큰 단위의 집단에서도 발생하지만 친구나 가족 사이에서도 얼마든지 일어나죠. 똑같은 부모 밑에서 태어난 형제라도 한 명은 형편이 넉넉하고 나머지는 그렇지 않아서 생기는 어색함은 우리 주위에서도 흔히 목격할 수 있는데요. 때때로 가족 간 경제적 불평등은 심각한 사회적 문제로 이어지기도 합니다.

당연히 부의 소유 형태와 분포는 피라미드 모습으로 나타납니다. 재산이 넉넉한 사람보다 부족한 사람의 수가 훨씬 더 많기 때문입니다. 그런데 이런 보편적인 현상을 어떻게 바라보느냐에 따라 부자일 때와 가난할 때 치러야 하는 비용에는 상당한 차이가 발생하는데요. 특히 내가 많은 부를 이미 가지고 있거나 앞으로 부를 축적할 계획이나 열망이 있다면 반드시 알아두어야 하는 사실을 지금부터 말씀드리려고 합니다.

자본주의 사회에서 돈은 물과 같습니다. 그 물은 우리 모두를 거치고 순환하기 마련이나, 그 흐름의 원리를 아는 것은 매우 중요합니다. 그리고 그 흐름에 따라 자신의 행동 지침이 결정되죠.

네덜란드 금융 시장 당국에서 금융 감독관으로 활동하는 잡 크리젠Job Krijnen 박사 연구진이 발표한 흥미로운 연구를 통해 좀 더 자세히 이야기 나누어볼까요? 연구진은 먼저 부나 성공이 어떤 식으로 이루어지는가에 대해 사람들이 어떤 관점을 지니고 있는지 조사했고, 그 결과 대략 세 가지 형태가 존재한다는 것을 발견했습니다. 이는 부에 있어서 하위권으로 처져 있는 사람들을 바라보는 우리의 시각들을 의미하죠.

첫 번째 관점은 그들이 노력하지 않았기 때문이라는 생각입니다. 즉, 부와 성공을 주로 개인의 요인과 책임으로 판단하는 것이죠. 두 번째는 그들에게 적절한 기회가 주어지지 않아서라고 보는 관점입니다. 이는 그들이 뒤처진 이유가 주로 사회 시스템 문제에 기인한다는 시각이 중심을 이룹니다. 마지막으로 빈부나 성공(혹은 실패)와 같은 요인은 원래부터 동서고금을 막론하고 상당 부분 운과 같은 불가항력적 요인에 달려 있다고 보는 관점이 있습니다.

흥미로운 점은 이 셋 중 어떤 관점을 지니고 있느냐에 따라 경제적 약자들, 즉 빈곤한 사람들을 어떻게 도와야 하는가에 대한 생각도 달라진다는 사실인데요. 먼저, 부를 노력에 대한 보상이라고 믿는 사람들일수록 빈곤을 벗어나기 위해 적극적으로 행동하는 사람들에게 더 많은 인센티브를 줘야 한다고 응답했습니다.

예를 들어 직업교육을 열심히 받거나 구직활동에 열심히 참여하는 사람들에게 실업 급여 등의 금전적 지원을 해주는 사회 정책이 여기에 해당하는데요. 하지만 사회 및 경제 구조에 중요한 문제가 있다고 생각하는 사람들은 두 종류의 프로그램 모두가 충족되어야 한다는 반응을 보였습니다. 게다가 실행 방안 역시 사뭇 달랐는데요. 첫 번째 유형에 속하는 사람들은 경제적으로 더 부유한 계층의 소득이 빈곤한 계층으로 재분배되는 정책을 선호합니다. 두 번째는 일종의 사회보험으로 기본적인 생활을 가능하게 하는 안전장치가 필요하다고 주장합니다. 국가에서 빈곤층을 위해 실행하는 다양한 복지 정책이 여기에 해당하죠. 마지막으로 부, 성과 혹은 성공이 거의 무작위적이고 따라서 운에 대부분 의존한다고 믿는 사람들은 최소한의 장치만 있으면 된다는 식의 반응을 보였습니다.

이 결과가 의미하는 바를 파악하기 위해서는 연구에 사용된 질문이 무엇인가에 초점을 맞출 필요가 있습니다. 바로 어떤 정책이 있어야만 좋은 사회라고 판단했는가인데요. 사회든 조직이든 그 크기가 커질수록 모든 구성원에게 동일한 기회를 주는 것은 불가능합니다. 즉, 어느 정도의 불공정함은 있을 수밖에 없는 것이 엄연한 현실이라는 것이지요. 그리고 사회와 조직의 구성원은 다양할 수밖에 없습니다. 그러니 정책의 방향이 어느 한쪽으로만 치우치는 것은 결코 바람직하지 않죠.

더 열심히 하는 사람에게 더 좋은 혜택을 주는 것과 부의 재분배, 그리고 사회 보장적 제도는 세 가지 모두 반드시 필요합니다. 하지만 더욱 중요한 점은 우리 사회와 조직이 불공평하다고 느낄수록 우리가 치러야 하는 대가가 많아진다는 점입니다. 이는 국가든 기업이든 가정이든 예외가 있을 수 없습니다. 돈을 버는 일도 중요하지만 분배에 대해서도 고민해 봐야 하는 이유죠.

소심한 사람은 정확하고
대범한 사람은 시작한다

"성격이 소심해서 투자 같은 건 못 해요."
"간이 작아서 새로운 일에 도전하는 게 너무 어려워요."
"그런 일을 할 수 있는 배짱이 없어요."

혹시 여러분은 이런 말을 자주 하시나요? 대개 스스로를 소심한 성격이라고 여기는 분들이 이런 말들을 자주 하시는데요. 왜 소심한 사람들은 투자나 모험 같은 새로운 일을 두려워하는 것일까요?

심리학에서는 이런 사람들을 '속성 불안state anxiety'이 높다고 합니다. 불안은 걱정스럽거나 초조하여 마음이 편안하지 않음을 의미하고 속성은 그 사람의 변하지 않는 일반적 성향을 말하니, 속성 불안이 높은 사람들은 당연히 위험이 뒤따르는 일이나 대상을 앞에 두고 유난히 불안을 크게 느끼죠. 그리고 우리는 이렇게 속성 불안이 높은 사람들이 투자나 모험, 새로운 기회에 도전하지 못한다고 생각하는데요. 과연 이 상식은 언제나 옳을까요?

몇 해 전, 호주 심리학자 라이스 노트베르트Lies Notebaert 박사와 콜린 맥레오드Colin MacLeod 교수는 이와 관련해 매우 재미있는 연구 결과를 발표했습니다.[29]

이들은 다가올 위험(큰 소리나 충격)의 크기와 확률을 달리 하면서 사람들에게 미리 고지했죠. 예를 들어 '90데시벨의 매우 큰 소리가 일어날 확률이 40%다' 혹은 '60데시벨의 웬만큼 큰 소리가 일어날 확률이 80%다'와 같은 식입니다. 그리고 이 위험의 크기와 그 확률은 매번 다양하게 변화되며 사람들에게는 세 번의 위기마다 한 번의 '패스' 기회가 주어집니다. 다시 말해 안전하게 그 위험을 비켜가는 것이지요. 이 기회는 세 번마다 하나씩 주어집니다. 첫 번째에 이 기회를 사용하면 뒤이어 오는 두 번째와 세 번째에는 쓸 수 없다는 뜻입니다. 만약 첫 번째에 기회를 사용하지 않으면 두 번째 혹은 세 번째에 사용할 수 있습니다.

연구에 참가한 사람들은 총 108번의 다양한 위기를 만나게 됩니다. 그러니 계산해 보면 위기를 벗어나는 '패스'를 사용할 기회는 총 36회인 셈이지요. 사람들이 이 36회의 기회를 가장 효율적으로 쓰는 것은 어떤 경우일까요?

먼저 가장 간단하고 명확한 경우부터 따져봅시다. 낮은 확률을 지닌 작은 위험을 만났을 때는 결코 기회를 쓰지 않아야 합니다. 예를 들어 "60데시벨의 웬만큼 큰 소리가 일어날 확률이 20%입니다"처럼 말이죠. 반대로 높은 확률의 큰 위험을 만나면 그 기회를 사용하는 게 좋습니다.

이번에는 좀 더 복잡한 경우를 살펴볼까요? 큰 위험이라도 일어날 확률이 낮거나 작은 위험이라도 일어날 확률이 높은 경우입니다. 확률보다 위험의 크기에 민감한 사람이라면 낮은 확률이라도 기회를 써버리겠죠? 반대로 확률에 집착하면 작은 위험에도 기회를 날려버릴 수 있을 것입니다. 이렇게 되면 각각 미래(다음 위험)의 더 큰 난관에 대비할 기회를 잃고 맙니다.

흥미로운 점은 속성 불안이 높은 사람들, 즉 우리가 간이 작다고 부르는 사람들이 불안이 낮은 사람들, 즉 간 큰 사람들보다 더 현명(즉 정확)했다는 것입니다. 이들은 높은 확률의 큰 위험을 만났을 때는 거의 예외 없이 기회를 사용하고 낮은 확률의 작은 위험을 만났을 때는 결코 기회를 사용하지 않는 정확성을 보였죠.

간이 작은 사람들은 오로지 단 한 경우에만 간 큰 사람들보다 부정확(즉 기회를 더 많이 소모하는 것)했습니다. 낮은 확률의 큰 위험을 만났을 때죠. 왜냐고요? 기회를 대부분 소모했기 때문입니다. 게다가 이런 경향성은 이후의 연구들에서 금전적인 모험과 위기로 게임의 종류를 바꾸었을 때도 거의 비슷하게 나타났습니다.

이 실험 결과가 의미하는 것은 과연 무엇일까요? 첫째, 간이 작은 사람들은 비관론자가 아니라는 것입니다. 비관론자는 결과의 크기와 무관하게 결과 발생 확률에 민감한 사람들입니다. 반면 간이 작은 사람들은 나쁜 결과의 심각성에 민감할 뿐 그 확률에 언제나 과민 반응하는 것이 아니라는 사실을 알 수 있죠.

둘째, 그럼에도 불구하고 우리가 간이 작은 사람들일수록 투자나 모험에서 성공하지 못한다고 기억하는 것은 상당 부분 특정한 경우만 기억해서일 가능성이 높습니다. 곰곰이 생각해 보면 낮은 확률의 큰 위험은 대부분 그냥 별일 없이 지나갑니다. 하지만 간이 작은 사람들은 그 위험에 반응하고 주위에 경고를 가하지요. 그러니 소심하다는 이야기를 자주 듣게 되고 이런 말들은 다른 사람들의 머릿속에 각인됩니다. 반면 낮은 확률의 작은 위험에 대해서는 크게 반응하지 않습니다. 실제로도 별 탈 없는 경우가 대부분이고요. 정확하게 미래를 예측했음에도 불구하고 아무 일 없었으니 기억되지 않는 것입니다.

저는 이른바 간이 작은 사람들과 간이 큰 사람들이 함께 모여야만 투자에 성공할 수 있다고 생각합니다. 간이 작은 사람은 대체적으로 정확합니다. 물론 간이 큰 사람은 그 모험적 행동을 시작할 수 있는 에너지가 강하겠죠. 이 둘이 서로 어우러진다면 얼마나 완벽한 상호 보완이겠습니까? 그래서 우리 곁에는 나보다 더 소심한 사람도, 나보다 더 대범한 사람도 모두 필요하다는 것입니다.

합당한 금액입니까?

만약 여러분이 회사에 다니는 직장인이라면 여러분에게 가장 중요한 것은 월급일 것입니다. 반대로 사장의 입장이라면 직원들에게 지급되는 인건비일 테죠. 돈, 특히 월급이라는 것은 고용인과 피고용인 모두에게 언제나 가장 중요하고도 민감한 이슈입니다. 심지어 고대나 중세 시기 전쟁 중에도 장교와 병사들에게 지급되는 급여는 전쟁의 향방과 직결되는 요소였으며 현대 사회에도 노사분규를 다루는 뉴스 첫머리에 등장하는 말은 언제나 임금, 수당입니다.

과거부터 지금까지 돈을 주는 쪽과 받는 쪽은 갈등을 반복해

왔는데요. 항상 주는 쪽은 많다고 하고, 받는 쪽은 적다고 합니다. 도대체 왜 그럴까요?

최근 이 주제를 놓고 캐나다 구엘프 대학의 패트 바클레이Pat Barclay 교수 연구진이 재미있는 연구 결과를 발표했습니다.[30] 연구진이 메타 분석 대상으로 삼은 연구들은 최후통첩 게임과 독재자 게임이었습니다. 두 게임 모두 분배자가 자신이 최초에 받은 금액을 어떻게 분배하는지 관찰하기 위해 사용되는데요. 예를 들어 10만 원을 받은 분배자가 임의로 일정한 금액(예를 들어, 2만 원이나 5만 원)을 수령자에게 제시합니다. 당연히 2만 원은 수령자 입장에서 보면 불공평하겠지요. 반면 5만 원 정도면 공평하다 할 수 있을 것입니다.

두 게임의 차이는 무엇일까요? 최후통첩 게임에서 수령자는 분배자가 제시한 금액이 마음에 들지 않을 경우 그 제안을 거부할 수 있습니다. 물론 이 경우 양쪽 모두 한 푼도 가지지 못하게 되죠. 일종의 파국인 셈입니다.

하지만 독재자 게임에서는 수령자가 분배자의 제안을 거부할 수 없습니다. 말 그대로 분배자는 독재자이며 자기 마음대로 할 수 있죠. 그렇다 보니 우리는 이 두 게임을 통해 분배자의 속마음을 각각 추정할 수 있습니다. 바클레이 교수진은 다양한 금액을 사용해 이 두 게임을 참가자들에게 시킨 뒤 금액의 변화에 따라 분배자들의 심리에 어떤 변화가 있는지를 분석했던 거죠.

메타 분석 결과는 당연하면서도 동시에 흥미롭습니다. 일단 최후통첩 게임에서 분배자는 금액이 늘어남과 상관없이 비율을 유지하는 데 상당히 신경을 씁니다. 즉 수령자에게 주는 금액의 크기 자체에는 별로 민감해지지 않는다는 겁니다. 예를 들어 10만 원을 받으면 3~5만 원(30~50%)을 수령자에게 주겠다고 제안하며 100만 원을 받아도 30~50만 원을 주겠다고 제안하는 것이죠.

그런데 독재자 게임의 경우에는 달랐습니다. 초기 수령 금액이 늘어나면서 분배자는 수령자에게 주는 금액에 점점 더 민감해지기 시작합니다. 10만 원을 받을 때는 3만 원을 주지만 100만 원을 받으면 30만 원이 아닌 10~15만 원을 제시하는 거죠. 속내는 당연히 이렇습니다.

"아무것도 하지 않고 돈을 받는 사람에게 10만 원은 적은 돈이 아닙니다!"

본인 역시 공짜로 얻은 돈임에도 불구하고 자신이 임의로 세운 기준 이상의 금액을 절대 주려고 하지 않는다는 것이죠.

결국 최후통첩 게임은 받는 사람의 마음을 고려하는 반면, 독재자 게임은 주는 사람의 마음을 대변합니다. 받는 사람은 비율,

즉 형평성에 민감하죠. 그 민감함이 어느 정도냐 하면 최후통첩 게임에서 불공정하다고 판단되면 자신의 한달치 월급에 해당하는 금액을 거부하기도 했습니다.

반면 주는 사람은 형평성보다는 적절하다고 생각되는 금액의 크기를 따집니다. 독재자 게임에서 분배자들이 항상 하는 이야기가 있는데요. 바로 "그러니까 수령자가 받는 이 금액이 합당하냐는 겁니다!"입니다. 어찌 보면 당연한 이야기겠지만 이 말 속에는 매우 중요한 단서가 등장합니다. 자신이 수령자라면 형평성보다는 합당한 금액을 요구해야 한다는 것인데요. 다시 말해 "공평하게 주십시오"라는 말보다는 "이 정도의 금액을 받을 만한 일을 제가 했습니다"라는 주장이 훨씬 더 효과적이라는 뜻이죠. 반대로 주는 사람이라면 자신의 분배 제안이 형평성에 얼마나 부합되는가를 상대방에게 어필해야 합니다. 그래야만 상대방과 자신 모두의 불만을 잠재울 수 있기 때문이죠.

54

이기라는 말과
지지 말라는 말

어르신들이 이런 말을 할 때가 있습니다.

"남의 돈 받는 일만큼 어려운 것이 없어."

일을 하고 월급을 받는 것도 만만치 않은데 하물며 투자를 유치하는 일은 정말이지 쉽지 않아 보이죠. 다른 사람을 설득해 투자(돈)를 끌어내는 일은 어떻게 해야 나의 계획이 더 매력적으로 보일 수 있는가에 대한 모든 종류의 고민과 연결되어 있습니다. 이를 절묘하게 보여주는 연구를 살펴볼까요?

하버드대학의 경영학자 로라 후앙Laura Huang 교수와 콜럼비아 대학의 심리학자 토리 히긴스Tory Higgins 교수를 비롯한 연구진은 왜 스타트업에서 여성 기업인들이 남성 기업인들에 비해 더 적은 투자 자본을 유치하는가에 대해 매우 흥미로운 연구를 진행했습니다.[31]

논문의 제목 자체가 흥미로운데요. "We ask men to win and women not to lose." 우리말로 번역하면 이렇습니다. "우리는 남성들에게 이기라고 요청하는 반면 여성들에게는 지지 말라고 주문한다."

이들이 어떤 재미있는 분석을 했는지 지금부터 살펴봅시다. 연구진은 지난 2010년부터 2016년까지 뉴욕에서 개최된 테크런치 디스럽트TechCrunch Disrupt의 자료를 분석했는데요. 테크런치 디스럽트는 북미 최대 정보기술IT 온라인 매체인《테크런치》가 미국을 비롯한 세계 각국에서 개최하는 창업 콘퍼런스로 첨단산업 분야의 스타트업 관련자들과 대기업, 벤처 캐피털 관계자들이 대거 참석하는 일종의 창업 축제입니다. 연구진은 공개석상에서 벤처 투자자들이 창업자들과 주고받는 질문과 대답 그리고 그에 따른 투자 유치의 크기를 집중 분석했죠. 재미있는 것은 남성 창업자들에게는 어떻게 성공할 것인가에 관한 질문이 주를 이룬 반면 여성 창업자들에게는 어떻게 실패하지 않을까를 묻는 질문들이 대부분이었다는 사실입니다.

예를 들어, 남성 스타트업 대표들에게는 "어떻게 고객을 확보하실 겁니까?", "시장을 장악할 수 있다고 생각하십니까?", "지적 재산으로서의 잠재력에 대해서 더 말씀해 주시기 바랍니다"와 같은 질문을 했습니다. 하지만 여성 대표들에게는 "테스트는 확실히 마친 겁니까?", "관련 분야 법령에 위반되지 않는지 점검은 분명히 하신 건지요?" 심지어는 "가격이 299불이라고 하셨는데 그 가격으로 이윤이 확보될까요?" 등의 질문이 쏟아진 것이죠.

심리학에서는 전자와 후자를 각각 성취와 예방에 초점을 맞춘 질문이라고 부릅니다. 그리고 당연하게도 성취 지향적 질문을 받은 남성 대표들은 능동적인 답변을, 예방에 초점 맞춘 질문을 받은 여성 대표들은 수동적인 답변들을 내놓았죠. 그렇다 보니 남성 대표들이 벤처 투자자들로부터 더 많은 투자를 받은 것입니다. 가장 흥미로운 점은 예방에 초점을 맞춘 이른바 '어떻게 지지 않을 것인가'에 관한 질문을 받았음에도 불구하고 어떻게 이길 것인지에 관한 대답을 한 여성 대표들의 결과였습니다. 놀랍게도 이들은 남성 대표들의 평균을 웃도는 금액을 투자자들로부터 이끌어 냈죠.

이 방대한 자료와 그 분석 결과가 의미하는 바는 명확합니다. 상당수의 사업 계획은 처음 시작 때와는 달리 일이 진행될수록 어떻게 성공시킬 것인가에 대한 전략보다는 어떻게 실패하지 않을 것인가에 대한 고민 위주로 되어 있다는 점인데요. 물론 어떤 일이든 실패하지 않는 것은 중요하지만 투자자, 즉 한 걸음 떨어져 객관적인 시각으로 사업의 성공 가능성을 바라보는 사람에게 '절대로 실패하지 않는 사업'이라든가 '망할 수가 없는 투자'라는 말은 결코 매력적이지 않다는 의미로도 읽힐 수 있습니다.

이 연구 결과는 사실, 투자를 넘어서 더욱 중요한 점을 시사하고 있습니다. 간혹 집단 간에 나타나는 차이가 그 집단의 특성에 기인하는 것이 아니라 어떤 질문이나 환경이 그들에게 순간적으로 주어짐으로 인해 발생하는 경우가 있는데요. 그럼에도 불구하고 우리는 그 차이를 보면서 마치 그 결과가 집단 간에 존재하는 근본적 차이에 기인하는 것처럼 착각하는 경우가 많습니다. 심리학자의 눈으로 보면 이 세상을 나누고 있는 대부분의 구분들에 이러한 위험 요소가 있습니다. 성별, 연령 혹은 지역이나 민족과도 같은 변인들 말이지요. 이러한 착각의 진짜 원인을 이해하고 통찰을 하나씩 쌓아갈 때만이 우리는 성공과 조금씩 가까워지지 않을까요?

《 55 》

지금 100만 원 vs 한 달 뒤 100만 원

'호미로 막을 것을 가래로 막는다'는 말이 있습니다. 적은 힘을 들여서 해결할 수 있는 일을 기회를 놓쳐 큰 힘을 들이게 되는 경우를 일컫는 말이죠. 실제로 우리는 꽤 자주 '눈앞의 가깝지만 작은 이익'에 눈이 멀어 '이후의 훨씬 더 큰 손실'을 막지 못하는 어리석음을 저지릅니다. 대체 이런 실수들은 왜 반복되는 것일까요? 그리고 이를 막으려면 어떻게 해야 할까요? 이 분야의 저명한 연구자 중 한 사람인 캐나다의 잭 네취(Jack Knetsch) 교수가 평생을 바친 연구를 통해 중요한 가치가 덜 중요한 가치와 어떻게 어리석게 거래되는가를 살펴봅시다.

여기 어떤 종류의 사고가 있습니다. 이 사고를 당하면 1년 정도는 병원에 입원해 있어야 하죠. 이때 잭 네취 교수는 사람들에게 이런 질문을 던집니다.

"사고 확률은 원래 0.5%였습니다. 그런데 사고 확률이 1%로 늘어나지만 그 대신 700달러의 이득이 생긴다면 당신은 어떻게 하시겠습니까?"

이 질문에 찬성하는 사람은 불과 39%였습니다. 다시 말해 61%의 사람들이 700달러의 이득을 위해 사고 확률을 높이지 않았다는 얘기죠. 이번에는 다시 이렇게 묻습니다.

"사고 확률이 원래 1%였습니다. 그런데 700불을 지출하면 그 확률이 0.5%로 줄어들지요."

이 질문에 그렇게 하겠다고 답한 사람은 불과 27%에 불과했습니다. 이 연구 결과를 해석하면 이렇습니다. 사람들은 안전과 이익을 타협하지 않을 수도 있고 후자처럼 안전도를 높이기 위해 돈을 쓰지 않을 수도 있다는 것이죠. 바꿔 말하면 사고 확률을 높이면서까지 700불을 받으려는 사람도 없지만 사고 확률을 낮추기 위해 700불을 더 지불하려는 사람도 없다는 것입니다. 그렇다면 사고 확률을 높이면서까지 이윤에 욕심내는 나머지 39%의 사람들은 '눈앞'의 작은 이윤에 가치를 두었다고 볼 수 있겠죠.

여러분에게 질문 하나를 해보겠습니다.

"현재 100만 원을 받으시겠습니까? 아니면 한 달 뒤 110만 원을 받으시겠습니까?"

여러분은 무엇을 선택하셨습니까? 대부분의 사람들은 지금 100만 원을 받겠다고 대답합니다. 현재의 유혹을 거절하지 못하기 때문이죠. 이번에는 질문을 조금 바꿔볼까요?

"1년 뒤 100만 원을 받으시겠습니까? 아니면 1년 1개월 뒤 110만 원을 받으시겠습니까?"

이제 대부분의 사람들은 1년 1개월 뒤의 110만 원을 선택하겠다고 할 것입니다. 지금 시점을 둘 모두 미래형으로 바꿔버리니 사람들의 선택이 훨씬 지혜로워진 것이지요.

미래는 불확실합니다. 그래서 현재는 늘 피할 수 없는 유혹이지요. 따라서 현재의 시급한 욕구는 언제나 미래의 더 중요한 가치를 이기게 마련입니다. 그래서 누군가가 눈앞의 이익을 미래의 이익으로 보내줘야 합니다. 그래야 사람들이 어리석음을 피할 가능성이 높아지죠.

특히 작은 실수가 돌이킬 수 없을 정도의 손실로 돌아오는 직업을 갖고 있다면 스스로나 사용자 모두를 위해 눈앞의 이윤을 미래에 가서야 취하는 이윤으로 바꿔주어야 합니다. 현실성은 좀 떨어지지만 그래도 상상이라도 한번 해볼까요?

운송 회사가 승객들이 모두 무사히 집으로 돌아간 다음에야 운임 요금을 받을 수 있다면 어떻게 행동할까요? 아마도 안전을 소홀히 해서 생기는 모든 사고를 거의 완벽히 예방할 수 있을 것입니다. 다양한 안전사고와 인재人災들이 발생할 때마다 되풀이되는 문제지만 사건이 일어나고 난 뒤 처벌을 강화하는 데에는 한계가 분명히 존재하는데요. 이때 필요한 것이 좀 더 지혜롭게 인간의 욕망을 조절하고 기다릴 수 있도록 돕는 일입니다. 그리고 그 조절에는 '언제 그것을 취할 것인가'라는 시간적 거리가 반드시 포함되어야 하고요. 강조하지만 우리 사회와 시스템이 할 일이 일벌백계一罰百戒에만 있는 것은 아니랍니다.

56

미루면 싸진다

소탐대실小貪大失이라는 말, 많이 들어보셨죠? 작은 것을 탐하다가 더 큰 것을 잃고 마는 어리석음을 두고 하는 말입니다. 그리고 소와 대는 자주 현재와 미래라는 말로 치환됩니다. 현재의 작은 것에 집착하지 말고 미래의 큰 것에 가치와 꿈을 두라는 의미인데요. 미래에 가치를 두는 일은 과연 어떻게 해야 하는 걸까요? 상황의 힘을 가장 중요하게 생각하는 인지심리학에서는 이 질문에 대한 해답 역시 상황에서 찾습니다. 다시 말해 그렇게 할 수 있는 상황을 만들어주어야 한다는 뜻이죠.

먼저 인간이 더 큰 미래 가치를 희생시키고 작은 현재 가치에 몰두하는 양상에 대해 알아볼까요? 심리학에는 '지연 디스카운팅delayed discounting' 현상이 있습니다. 지연은 무언가를 뒤로 더 미루어 기다린다는 뜻이지요. 그리고 디스카운팅은 우리말로 가치를 낮춘다는 의미입니다. 따라서 지연 디스카운팅은 무언가를 즉시 취하지 못하고 기다려야 하는 상황이 되면 그것의 가치를 낮게 보는 현상을 뜻하는 말이지요.

예를 들어봅시다. 지금 당장 10만 원을 가질 수 있다고 생각했는데, 그 10만 원을 일주일이 지나야 가질 수 있게 되었습니다. 일주일의 지연이 발생한 거죠. 그러면 우리는 그 10만 원의 가치가 갑자기 작게 느껴집니다. 이 때문에 사람들에게 "지금 1만 원을 받을 거냐, 일주일 후에 2만 원을 받을 거냐"고 물으면 꽤 많은 사람들이 비합리적임에도 불구하고 지금 1만 원을 선택하는 것이죠. 나의 욕구를 지연시킴으로써 더 큰 돈을 받을 수 있는데도 일주일 후의 2만 원이 심리적으로 평가 절하되는 바람에 현재의 1만 원을 이기지 못하는 것입니다.

더욱 재미있는 것은 지연으로 인해 받을 수 있는 금액이 적으면 적을수록 디스카운팅의 크기가 더 커진다는 점입니다. 예를 들어 지금 당장 2만 원을 받는 것과 한 달 뒤 5만 원을 받는 것을 제안하면 5만 원의 가치는 매우 낮아집니다. 하지만 한 달을 기다려 받을 수 있는 돈이 100만 원으로 커지게 되면 그 100만 원의 가치는 현재의 100만 원과 크게 차이가 나지 않는다는 거죠. 심지어 지연 기간이 한 달이 아니라 두 달, 혹은 그 이상으로 길어져도 큰 차이가 나지 않습니다. 그러니 인간은 단순히 소탐해서 대실하는 것이 아니라 작은 무언가를 기다리라고 하면 그때 더 작은 소小에 탐하는 것입니다. 이러한 결과들을 종합했을 때 얻을 수 있는 교훈은 크게 두 가지로 정리할 수 있습니다.

첫째, 가까운 미래의 약간만 더 큰 보상은 사람들을 오히려 더 지금 가진 것에 집착하게 만듭니다. 단기적인 향상이나 발전 목표만 있을 때 사람들이 먼 미래를 준비하지 못하는 이유가 바로 여기에 있죠.

둘째, 충동적이거나 근시안적 사람들이 오히려 더 큰 목소리를 내고 조직을 장악하는 것도 이 때문입니다. 실제 연구 결과들을 종합해 보면 이런 사람들은 지금 당장 2만 원과 한 달 후 5만 원 사이에서는 주저 없이 지금의 2만 원을 선택합니다. 주저 없다는 것은 고민하지 않는다는 뜻이고 고민 없다는 것은 영향력이 자극적이면서도 강하다는 것을 의미하는데요. 재미있는 것은 이런 사람들도 지금 2만 원과 2년 후 100만 원 사이에서는 다른 사람들과 마찬가지로 후자를 대부분 선택한다는 것입니다.

우리의 상식과 다소 다른 결과이지 않나요? 근시안적 사람들이라고 해서 현재의 작은 가치와 먼 미래의 큰 가치를 혼동하지는 않습니다. 다만 현재의 작은 가치와 가까운 미래의 약간 더 큰 가치를 착각할 뿐이지요. 그러니 해결 방법은 한 가지입니다. 사람들로 하여금 먼 미래를 생각하게 만들어줘야만 한다는 것이죠. 더 정확히는 그런 상황을 만들어줘야 합니다. 사람들에게 미래의 자신이 누리고 있는 모습을 상상하게 하면 재미있게도 지연 디스카운팅 현상은 사라집니다. 이때 주의할 점은 불행한 무언가를 피하기 위한 상상은 효과가 없었다는 데 있는데요. 따라서 우리는 미래에 내가 어떤 긍정적 모습일지에 대해 지금보다 더 많은 시간을 들여 생각하고 이야기해야 합니다. 적극적으로 상상할수록 좋습니다. 인간은 그래야만 현재의 작은 가치에 대한 집착을 과감하게 포기할 수 있기 때문이죠. 기억하세요. 긍정적인 미래를 자꾸 상상해야 소탐대실을 피할 수 있습니다.

보험왕이 되려면

　인지심리학은 인간 사고과정의 인과관계를 가장 정밀하게 연구하기 때문에 미시심리학이라고도 부르는데요. 미시적이고 정밀하다는 것은 단순한 관찰을 넘어서서 실험을 한다는 이야기입니다. 그런데 놀랍게도 인지심리학자들이 자신의 실험에서 가장 많이 사용하는 재료가 무엇인고 하니 바로 돈입니다. 인간이 가진 가치판단 체계 중에서 돈이야말로 가장 촘촘한 눈금을 지니고 있기 때문이지요. 그리고 이 촘촘함은 마치 줄자의 눈금과도 같아서 미세한 판단의 차이도 정밀하게 반영할 수 있습니다. 돈을 어떻게 바라보는가를 통해 그 개인과 사회의 가치관을 상당 부분 엿볼 수 있기 때문이죠. 게다가 돈에 대한 판단을 관찰함으로써 어떤 생각을 하고 있는가에 대한 추리도 얼마든지 가능합니다. 그래서 돈을 보는 것은 결국 우리의 생각을 보는 것과 크게 다르지 않으며, 우리는 이를 통해 자신을 더욱 깊이 들여다보고 내면의 힘을 성장시키는 기회로 삼을 수 있습니다.

인간의 판단과 의사결정을 연구하는 인지심리학에서 유명한 예를 하나 살펴볼까요? 연구자들은 다음의 두 상황 중 어떤 것을 선택할 것인지 사람들에게 묻습니다. 이때 아무것도 선택하지 않는 것은 불가능합니다. 무조건 하나는 선택해야 하죠. A 상황은 확실하게, 즉 100% 확률로 5만 원을 잃습니다. B 상황은 25%의 확률로 20만 원을 잃고 75%의 확률로 아무것도 잃지 않습니다.

여러분은 무엇을 선택하시겠습니까? 개인차가 있을 수는 있겠지만 평균적으로 약 80%의 사람들이 B를 선택하겠다고 응답합니다.[32] 확실한 손실을 감수하는 것을 피하려고 자칫 잘못하면 더 큰 손실을 입을 수 있는 모험을 선택한다는 것이죠. 이는 2002년에 노벨경제학상을 수상한 인지심리학자 다니엘 카너먼의 '조망(혹은 전망) 이론prospect theory'의 핵심 현상 중 하나기도 합니다.

이른바 '확실한 손실 혐오' 현상, 즉 B 상황을 선호하는 경향이 언제나 일관적으로 일어나는 것은 아닙니다. 사람들이 모든 상황에서 B를 선호한다면 존재 자체가 불가능한 것들이 있기 때문이죠. 대표적인 예가 바로 보험입니다. 보험이란 무엇인가요? 큰 손실(20만 원)을 미연에 방지하고자 작지만 확실한 손실(5만 원)을 기꺼이 감수하는 일입니다. 즉 옵션 A를 선택하는 것이지요. 그리고 실제로 우리는 다양한 보험에 가입합니다. 그렇다면 사람들은 어떤 과정을 통해 확실한 손실을 감수하는 것일까요? 핵심은 두 옵션, 즉 대안의 제시 간격에 있습니다. 다시 말해, A와 B 상황을 동시에 제시하고 양자택일하는 것이 아니라 시간차를 두고 보여주거나 들려주면 사람들로 하여금 정반대의 선택인 A를 선호하게 만들 수 있다는 거죠.

좀 더 구체적으로 말하자면, B의 상황을 먼저 알려주는 겁니다. 그리고 사람들로 하여금 잠시 시간을 가지고 생각할 수 있게 합니다. 이렇게 사람들에게 상상할 수 있는 시간을 부여하면 B의 상황이 얼마나 좋지 않은 것인지 깨닫게 됩니다. 즉 25%의 확률은 사실 무시할 수 없는 것이며, 20만 원이라는 큰돈을 잃을 때의 상실감 역시 상당하다는 것을 느끼게 되는 것이죠.

상상이라는 것은 참으로 재미있는 힘을 발휘합니다. 우리는 어떤 싫은 것에 대해 상상하는 것만으로도 몸서리치거나 짜증이 나곤 합니다. 아직 그 일이 벌어지거나 내 앞에 나타난 것도 아닌데도 말이죠. 20만 원을 잃는다는 상상을 일정 시간 해보면 이제는 당연히 그 상황을 피하고 싶은 욕구도 커집니다. 이때 연구진은 A를 하나의 대안의 형태로 보여줍니다. 그러고는 이렇게 이야기하는 거죠.

"A를 선택하면 B의 상황을 피할 수 있습니다."

이러면 거의 70%의 사람들이 기꺼이 A를 받아들여 B의 상황을 피하겠다고 응답합니다. 정말 재미있는 결과 아닌가요? 이제 사람들은 확실한 작은 손실을 받아들일 준비가 되어 있습니다. 바로 이 과정 때문에 보험 판매가 가능하게 되죠.

이렇게 확실하게 작은 손실과 불확실한 큰 손실 사이에서 우리가 무엇을 선택하느냐가 상상을 하는 정도에 따라 달라진다는 사실은 가치를 판단하는 인간의 기준이 얼마나 유동적일 수 있는가를 잘 보여줍니다. 그렇다면 조금 더 생각을 해봅시다. 사람들은 무엇을 고민할까요? 이것 역시 그것에 대해 얼마나 상상하는가로 상당 부분 결정됩니다. 그런데도 우리는 중요한 것을 고민한다고 종종 착각합니다. 제가 착각이라고 말한 이유는 역으로 고민을 하기 때문에 중요하다고 생각하는 일이 적지 않기 때문입니다. 어떤 일의 객관적 가치는 그대로 두고서라도 어느 것에 대해 더 많이 생각할 수 있는 여지를 주느냐에 따라 주관적 가치는 얼마든지 바뀔 수 있는 거죠. 그중 대표적인 것이 바로 확실한 돈과 불확실한 돈의 가치입니다.

이를 좀 더 인간사에 확장해 고민해 보면 심리학이 인간의 판단과 의사결정에 대해 밝혀온 가장 중요한 측면 하나가 더욱 분명해집니다. 우리는 설득이 논리와 이성에 기초해 호소하는 것이라고 믿고 있습니다. 하지만 여러분과 함께 살펴본 앞선 예를 보면 설득이라는 것이 결코 논리와 이성만으로 이루어지지 않는다는 것이 분명해지죠. 설득은 생각, 즉 상상할 시간적 여유를 부여함으로써 정서와 감성 역시 움직여야 합니다. 이런 과정을 통해 나와 상대방이 느끼는 감정이 같아지기 때문입니다.

따라서 몇 개의 대안을 놓고 그중 더 합리적인 안은 이것이니 그것을 고르라고 하는 식의 강요는 설득이 아닙니다. 이럴 경우 설득의 대상은 작은 희생을 기꺼이 제공할 마음의 준비가 되어 있지 않아 반감이 생기기 쉽습니다. 설득하는 입장에서도 자신의 목적을 100% 달성하는 데 방해가 될 뿐이지요. 진정한 의미의 설득은 나와 상대방이 같은 정서로 공감하는 것입니다. 상대방으로 하여금 생각할 시간을 부여하면 오히려 나와 상대방 모두에게 이익이 될 수 있는 결과에 더 빨리 다다를 수 있음을 잊지 마시기 바랍니다.

58

실패 축하 파티

　주식이든 부동산이든 코인이든 최근 손실을 보았다고 토로하는 분들이 많습니다. 투자에서 손실을 보았다는 것은 부인할 수 없는 실패입니다. 그것을 부정할 수는 없을 것입니다.

　반면에 실패로부터 배운다는 말도 있습니다. 이것 역시 명백한 사실입니다. 그런데 문제는 그 배움을 우리가 거의 만들지 못한다는 데 있습니다. 왜 손해와 실패는 계속되는데 우리는 그로부터 깨달음을 얻지 못할까요? 그리고 이런 일이 반복되면 급기야 주변 사람들에게 "절대 투자하지 마! 주식이든 부동산이든 모든 투자는 반드시 실패하게 되어 있어!"라고 목소리를 높이게 됩니다. 시간이 흘러 또다시 투자로 돈을 벌었다는 사람들의 이야기가 들려오는 순간, 눈치채셨겠지만 비극이 시작됩니다. 막연하고 무리한 투자에 맹목적으로 매달린 결과는 처참할 뿐입니다. 그야말로 빈곤과 좌절의 악순환 혹은 '도박사의 삶'과 '패배주의'의 함정이 교차하는 서글픈 삶이라고 불러도 전혀 어색하지 않을 정도이지요. 슬픈 일은 이런 악순환이 우리 주변에서 너무나도 흔하게 벌어진다는 것입니다. 도대체 무엇이 문제인 걸까요?

심리학자들은 이를 두고 이렇게 설명합니다. 실패는 숨기고 성공만을 공유하기 때문에 결과적으로 더 좋은 성과를 만들어낼 수 있는 기회를 무심코 그리고 무수히 놓치게 된다라고 말입니다. 그 과정을 시카고대 부스경영대학원의 저명한 심리학자 아일렛 피스바Ayelet Fisbach 교수와 로런 에스크레스-윈클러Lauren Eskreis-Winkler 박사가 절묘하게 보여주는데요.[33] 이들의 연구를 보면 우리가 실패로부터 배우지 못하는 이유와 해결책 모두 매우 잘 이해할 수 있게 됩니다.[34]

연구진은 참가자들에게 세 가지 종류의 상자를 제시한 뒤 그 중 하나를 선택하게 합니다. 세 상자 중 어느 것을 선택했는가에 따라 나오는 결과는 각각 다음과 같습니다. 1센트 손실, 20센트 획득, 80센트 획득. 물론 어느 상자가 어떤 결과를 지니고 있는가는 사전에 알 수 없습니다.

각 참가자들에게는 두 개의 상자를 고를 기회가 주어집니다. 그런데 어느 상자를 골랐느냐에 상관없이 연구진은 결과를 무조건 이렇게 알려줍니다.

"당신이 첫 번째 고른 상자는 1센트 잃는 것이군요. 그리고 두 번째 고른 상자는 20센트를 획득하는 것입니다."

일종의 속임수이자 몰래카메라인 셈입니다. 이후 이 결과를 듣게 된 사람들에게 연구진은 자기 순서를 기다리고 있는 다음 참가자에게 자신이 고른 상자 중 한 개의 위치를 알려줄 수 있다고 귀띔해 줍니다. 즉 1센트 손실을 보는 상자와 20센트를 획득하는 상자 중 하나를 말이지요.

자, 여기에서 한번 짚고 넘어갈까요? 다음 참가자를 위해서는 1센트 손실 상자가 무엇인지를 알려주는 것이 가장 좋은 선택입니다. 1센트 손실 상자가 어느 것인지를 알게 되면 다음 참가자는 그 상자를 피해 20센트와 80센트 획득 상자를 모두 고를 수 있기 때문입니다. 하지만 놀랍게도 과반수가 넘는 사람들이 그렇게 하지 않았습니다. 다음 참가자에게 자신이 성공한 20센트 상자의 위치를 알려준 것이지요. 그렇게 하면 다음 사람은 두 개의 상자를 고를 때 1센트 손실이 나는 것을 고를 수도 있게 됩니다. 실패(손실)할 상자의 위치를 알지 못하게 되는 셈이니 말이죠.

여러분은 참가자들이 보인 이 행동이 상대방이 잘되는 꼴을 못 보는 나쁜 마음에서 비롯되었다고 생각하시나요? 그런데 그게 아니었습니다. 다음 사람을 도움으로써 인센티브를 받을 때에도 마찬가지의 결과가 나타났기 때문이죠.

그렇다면 사람들은 왜 1센트 손실 상자를 알려주지 않았던 것일까요? 단순히 다음 참가자가 나의 실패를 거울삼아 더 좋은 결과를 받아 드는 것이 싫어서였을까요? 연구 결과에 따르면 그 이유 때문은 결코 아니었습니다. 연구진이 참가자들에 다음 사람이 나에게 어떤 상자의 위치를 알려주면 좋겠냐고 질문을 했을 때도 참가자들의 상당수가 1센트 손실이 아닌 20센트 획득한 상자의 위치라고 대답했기 때문입니다. 참 아리송한 연구 결과가 아닐 수 없습니다만 연구진은 이 모든 실험 결과를 종합해 이런 결론에 이르렀습니다.

"사람들은 앞 사람의 실패를 통해 무엇을 배울 수 있는지 자체를 잘 모르고, 따라서 다음 사람에게도 자신의 성공을 공유하려는 경향이 강하다."

위 실험에서 보듯 사람들은 일이든 금전적 투자든 실패나 손실을 입은 이유를 잘 설명하지 않습니다. 그저 폭망했다는 이야기를 마지 못해 하거나 푸념으로 늘어놓을 뿐이죠. 상대방 역시 그 이유를 자세히 묻지 않습니다. 그러니 배우는 것도 없고 남는 교훈도 없죠. 그래서 늘 일과 투자에 있어서 비슷한 유형의 실패와 손실이 거듭되는 것입니다.

여기서 더 나아간 연구도 있습니다. 학생이든 직장인이든 연구자든 실패를 다른 사람들과 공유할 때 자신 역시 더 많은 학습과 개선 효과를 보인다는 것입니다. 『스마트 싱킹』과 『커리어 하이어』의 저자인 아트 마크먼 교수는 이 현상을 두고 이렇게 이야기합니다.

"그해의 가장 큰 실패를 축하해 주는 자리를 연말에 가져봐라. 그렇게 함으로써 당사자는 통찰력을 지니게 되고 듣는 사람들은 해당 실패의 원인이 되는 가장 큰 골칫덩이를 자신들의 일에서 쉽게 제거할 수 있게 된다."

실패를 공유하는 것은 스스로 성장의 발판을 마련하고 다른 사람에게 실패를 피할 중요한 정보를 제공하는 값진 일입니다. 우리가 실패한 사람에게 적절한 보상을 해야 하는 이유지요. 만약 이런 일을 실제로 해내고 있는 리더가 있다면 그야말로 조직을 늘 성장시키는 사람일 것입니다. 그리고 이런 사람들이 결국 더 많은 부를 차지하게 될 테지요.

《59》

돈과 쿠폰의
결정적 차이

　　침체된 경제를 활성화시키기 위해 정부에서는 종종 지원금을 지급하거나 소비 쿠폰을 발행합니다. 코로나19로 대한민국 경제가 어려워졌을 때를 떠올려보세요. 아마 많은 분들이 가뭄의 단비 같은 위안을 받았을 것이라고 생각합니다. 그런데 지원금 지급과 소비 쿠폰의 발행은 명확히 다른 정책입니다. 그렇다면 둘 중 무엇이 더 효과적일까요? 심리학에서의 결론은 명쾌합니다.

　　"돈은 소비를 결정하게 만들고 쿠폰은 결정된 소비를 촉진시킨다."

　　조금 어렵게 느껴지시나요? 쉽게 말해 쿠폰은 소비를 결정하게 만들지 못하고 돈은 소비를 촉진시키지 않는다는 뜻입니다. 이는 돈 자체와 돈의 가치를 지닌 상징물이 각각 어떤 역할을 하는가에 대한 매우 중요한 통찰을 제공하는데요. 소비든 선택이든 시작을 결정하는 것과 시작된 것을 유지 혹은 촉진시키는 것은 상당히 다른 요인에 영향을 받는다는 것을 상징적으로 보여주는 표현이라고 할 수 있죠.

요구르트 실험으로 잘 알려진 스탠퍼드 대학의 후항 쯔치Huang Szu-chi 교수의 연구를 통해 좀 더 자세히 알아봅시다.[35] 연구진은 사람들에게 현재 시판 중인 여섯 종류의 요구르트 구입 도장을 다 받으면 사은품을 받을 수 있는 구매 기록 카드를 나누어줬습니다. 이때 구매 기록 카드는 두 종류입니다. A 카드는 이른바 자율적인 구매 기록 카드로 이 카드에는 순서와 상관없이 여섯 종류에 해당하는 요구르트 구매 확인 도장만 다 받으면 사은품을 받을 수 있습니다.

반면 B 카드는 전제조건이 까다롭습니다. 이 카드는 사전에 정해진 순서대로 요구르트를 구입해 도장을 받아야만 상품을 받을 수 있습니다. 연구진은 이를 비자발적 카드로 불렀는데요. 당연히 사람들은 자율적인 A 카드를 그렇지 못한 B 카드보다 더 선호하는 것으로 나타났습니다. 각각 30%와 10%가 카드를 매장에

등록한 것으로 조사되었기 때문이죠.

우리는 이를 통해 어떤 일을 시작(카드 등록)할지를 결정하는 상황에서는 자유와 유연함이 긍정적인 요인으로 작용한다는 사실을 알 수 있습니다. 그런데 여기서 재미있는 두 번째 결과가 관찰되는데요. 등록한 카드를 실제로 완성(즉 여섯 개의 요구르트를 구매 완료하는 일)하는 사람들은 오히려 융통성 없는 B 카드를 받은 그룹에서 더 많이 나왔기 때문이죠. 수와 비율 모두에서 B 카드를 받은 그룹이 앞섰습니다. 즉, 시작할지 말지를 결정할 때는 자율적인 것이 좋지만 그것을 마무리해야 하는 과정에서는 자율성이 오히려 방해된다는 역설적 결과가 관찰된 것이죠.

쯔치 교수는 그 이유를 여행자들의 동선과 목적지까지 도달하는 행태를 분석한 뒤 깨닫게 됩니다.[36] 목표 추구 초기 단계에서는 목표 달성 가능 여부에 대한 우려가 많을 수밖에 없습니다. 따라서 달성 수단이 다양하고 선택이 자유로울 때 동기가 부여됩니다. 하지만 목표를 향해 이미 나아가고 있는 시점에서는 완료 자체에 대한 관심이 커지기 때문에 한눈 팔지 않게 해주는 단일 수단이 더 큰 동기 부여 요소로 작동합니다. 생각과 계획을 훨씬 더 간단하면서도 명확하게 만들기 때문이죠.

예를 들어볼까요? 여행을 시작할지 말지를 결정할 때는 항공,

철도, 선박 등 다양한 옵션이 가능할수록 결정에 긍정적입니다. 하지만 이미 여행을 절반 이상 하고 있는 상황에서 옵션이 많아지면 오히려 '여기까지만 가보자' 혹은 '이제 그만 다니고 다음에 또 오지 뭐'라는 식의 생각이 커지는 경우가 많습니다. 요구르트든 여행이든 사람들로 하여금 결정을 내리는 데 도움을 주는 요인이 결정 이후 그 행동을 유지 혹은 촉진시키는 데는 방해물로 작용하는 거죠.

초반부에 무엇을 할지 결정을 내리려면 별문제 없을 것이라는 안심을 만들어낼 수 있는 무언가가 있어야 합니다. 이를 두고 심리학자들은 '결정에 대한 정서의 결재 도장'이라고 부르기도 하는데요. 뇌의 정서 영역에 손상이 있는 환자들이 일의 결정을 어려워하는 이유가 바로 이 때문입니다. 하지만 무언가를 이미 시작했고 그것을 계속 추구하기 위해서는 옆길로 새게 만드는 논리나 이유를 없애고 분명한 길만 보여야 합니다. 따라서 용도가 상대적으로 자율적인 현금은 소비 시작을 결정하게 만들 때 적합하고 용도가 더 특정적으로(그리고 다소 강제적으로) 명시돼 있는 쿠폰일수록 소비의 촉진에 들어맞는 것입니다.

칫솔과 슈퍼카

아마 다들 '소유 효과endowment effect'라는 말을 들어보셨을 것입니다. 이 말은 2002년과 2017년 각각 노벨 경제학상을 수상한 인지심리학자 대니얼 카너먼과 행동경제학자 리처드 탈러Richard Thaler로부터 시작해 수많은 연구자들에 의해 반복 관찰된 매우 유명한 현상인데요. 소유 효과가 관찰된 최초의 실험을 한번 살펴볼까요?

카너먼 교수와 탈러 교수 연구진은 실험에 참가한 코넬대 대학생들 중 절반에게 소속 대학 로고가 새겨진 머그컵을, 나머지 절반의 학생들에게는 그 머그컵 가격에 해당하는 현금을 지급했습니다. 그리고 몇 분이 지난 후 머그컵을 받은 학생들에게는 그 컵을 얼마에 되팔고 싶은지를, 현금을 받은 학생들에게는 옆에 있는 학생의 컵을 구매하는 데 얼마나 지불할 용의가 있는지를 물었습니다.

    결과의 차이는 놀라웠는데요. 컵을 불과 몇 분이라도 '소유'한 집단은 평균 5.25달러를, 현금을 받은 집단은 2.75달러를 부른 것입니다. 똑같은 머그컵을 두고 한 답변치고 너무 큰 격차 아닐까요? 이것이 바로 이후 심리학에서 무수히 연구되어 온 현상인 '대상을 소유하고 난 뒤 그 가치에 대해 가지기 전보다 훨씬 높게 평가하는 경향'인 소유 효과입니다. 소유 효과를 좀 더 쉽게 얘기하자면 살 때 부르는 가격보다 자기 것이 되고 난 뒤 되팔 때 원하는 가격이 상식적인 수준보다 높을 때를 이르는 현상이지요. 이를 좀 더 확장해서 생각해 보면 사람들로 하여금 자신이 이미 가지고 있는 무언가를 포기하게 만들기가 얼마나 힘든지를 알게 해줍니다.

    그렇다면 사람들은 왜 자신이 소유했던 것을 포기하기 어려워할까요? 그 이유에 대한 해석은 대체적으로 이렇습니다. 새로운 것을 얻는 획득의 크기보다 기존의 것을 내주기에 감수해야 하는 손실의 크기가 심리적으로 더 크기 때문인데요. 하지만 이 현상이 얼마나 일반화될 수 있는가와 그 크기가 어느 정도 되는가에 대해서는 꽤 오랜 시간 명쾌한 답이 내려지지 않고 있었습니다. 그런데 최근 미국 뉴욕대학의 크리스토퍼 예거Christopher Brett Jaeger 교수가 의문을 해소해 줄 유의미한 결과를 발표했습니다.

연구진은 우선 실험에 사용할 24개의 다양한 아이템들을 선정했습니다.[37] 이 아이템들은 고가에서 저가까지, 그리고 희귀한 보석에서부터 우산 같은 일상제품까지 다양했는데요. 연구진은 이러한 물건들을 참가자들에게 나눠주고 사고자 할 때와 팔고자 할 때의 가격 차가 얼마나 큰가를 관찰했습니다. 그 결과 예상보다 훨씬 더 큰 편차가 나타났는데요. 다시 말해, 매우 큰 소유 효과가 나타난 경우도 있었지만 거의 일어나지 않은 아이템도 있다는 것입니다. 사람들이 좀처럼 되팔려 하지 않은 물건은 무엇이었을까요? 흥미로운 건 의외로 고가품이나 희귀품이 아니었다는 사실입니다. 실제로 명품 구두, 새롭게 출시된 스마트폰, 고급 와인, 스트리밍 서비스 멤버십 등에서는 소유 효과가 크게 나타나지 않았다고 합니다. 당연히 이런 대상들을 구입할 경우에는 지불할 용의가 있는 최대 금액이 상당히 높았음에도 불구하고 말이지요.

그런데 이 연구에는 연구진의 재치가 돋보이는 지점이 있었습니다. 바로 사전에 각 아이템들에 대해 어떤 생각을 가지고 있는지에 관한 질문을 미리 해놓았다는 점이지요. 연구진은 참가자들에게 자신의 건강, 매력, 사회적 지위, 의식주와 안전, 무형적 가치 등과 관련해 각 물건이 얼마나 중요한가를 물었는데 이런 질문들에 대해서 종합적으로 높은 점수를 받은 아이템들에는 공통점이 있었습니다. 이른바 '평생' 혹은 '장기간'이라는 개념이 성립되는 것들이었죠. 예를 들어, 평생 제공되는 서비스나 장기간 사용이 가능한 자격과 권리 혹은 제품은 가격이나 희귀성을 막론하고 자신에게 중요한 것이라고 응답했습니다. 실제로 예거 교수 연구 결과에서는 평생 제공되는 무료 칫솔이 최고급 럭셔리 자동차와 같은 소유 효과를 보인 것으로 나타났습니다. 연구진도 예상하지 못했던 의외의 결과였죠. 사람들은 아무리 사소한 것이라도 자신의 곁에 오래 머물 수 있는 것에 강한 애착을 갖게 되는 것입니다.

세상에는 돈과 같은 척도로만은 추정하기가 어려운 가치들이 있습니다. 그중 하나가 바로 긴 시간 동안 곁에 있을 것이라는 가정이죠. 우리 주변에 그렇게 생각되고 있는 것들에 무엇이 있는지 돌아보는 지혜가 필요할 것입니다.

61

다음에는 내가 로또 1등?

여러분이 열심히 일을 하고 투자를 하는 가장 중요한 이유는 돈을 벌기 위해서일 것입니다. 아무리 내가 하는 일을 사랑한다고 하더라도 무료로 일해줘야 한다면 선뜻 나서서 그 일을 할 사람이 과연 몇이나 될까요? 이처럼 인간의 일과 투자에서 돈이 차지하는 영역은 매우 넓고 분명합니다.

우리가 살아가면서 얻는 돈의 종류는 크게 두 가지로 나뉩니다. 정기적으로 받는 주급이나 월급과 같이 반복적이고 크기가 일정한 돈이 있는 반면, 투자처럼 얻거나 잃는 돈의 크기가 매번 다른 경우도 있습니다. 그런데 재미있게도 사람들은 적은 돈을 얻게 되면 이후 큰 돈을 벌 수 있을 거라고 생각합니다. 투자나 투기를 통해 번 돈이 적을수록 오히려 자신에게 더 많은 행운이 남아 있다고 생각한다는 것이죠. 그리고 이런 생각은 무모한 투자로 이어지는 경우가 많습니다.

대체 사람들은 왜 이렇게 어리석은 생각을 하는 것일까요? 홍콩 차이니스 대학의 루시 셴Luxi Shen 교수와 시카고 대학의 유진 카루소Eugene Caruso 교수의 흥미로운 연구 한 편을 통해 그 이유를 알아봅시다. 이들이 2018년 미국 뉴올리언스에서 개최된 '판단과 의사결정 글로벌 콘퍼런스SJDM Conference'에서 발표한 연구인데요. 연구진은 참가자들에게 다음과 같은 한 인물에 대한 이야기를 들려주었습니다.

"중년인 존은 평범한 직장인입니다. 맞벌이하는 부인, 두 명의 아이와 함께 화목한 가정을 꾸리고 있습니다. 그는 때때로 복권을 구입합니다."

여기까지는 모든 참가자들에게 공통적으로 들려준 이야기입니다. 그런데 이후 절반의 참가자들에게는 존이 매우 큰 금액에 당첨됐다고 알려줬습니다. 반면, 나머지 절반의 참가자들에게는 존의 당첨 금액이 대략 우리 돈으로 10만 원 정도의 소소한 액수라고 알려줬죠. 즉 전자와 후자의 차이는 당첨 금액의 차이입니다.

이후 사람들에게 존의 인생에 앞으로 행운과 불운이 어떻게 찾아올 것인지를 물었는데요. 결과의 차이는 흥미로웠습니다. 큰 행운을 경험한 존의 이야기를 들은 사람들은 70% 넘는 비율로 앞으로는 이제 불운이 닥쳐올 가능성이 높다고 응답했습니다. 반면, 소소한 행운을 경험한 존의 이야기를 들은 사람들은 앞으로도 존에게 여전히 행운이 많이 따를 것이라고 예측했죠. 그리고 이러한 현상은 복권에서 그치는 것이 아니라 투자와 관련된 예측에서도 마찬가지로 나타났습니다.

이러한 결과들이 의미하는 바는 무엇일까요? 사람들은 투자성과가 클수록 행운이 빠르게 고갈되며 따라서 계속되지 않을 것이라고 생각하는 경향이 있다는 것입니다. 하지만 재미있게도 작은 행운은 고갈되지 않는다고 판단합니다. 따라서 작은 행운 이후에 더 낙관적으로 변하죠. 앞으로 그런 행운이 계속 일어날 것이라고 생각해 불안이나 불행, 즉 위험에 대비하지 않는다는 것입니다. 이런 현상은 도박에서도 나타나는데요. 초기에 적은 금액을 조금씩 따본 사람들이 오히려 초반에 큰돈을 딴 사람들보다 모험적으로 돌변하는 경우가 허다하는 것이지요.

그런데 더욱 흥미로운 점이 있습니다. 불운은 크기와 상관없이 고갈되지 않는 것으로 나타났기 때문입니다. 연구진은 매우 불운한 결과를 경험한 어떤 인물의 이야기를 들려준 뒤 이후 그가 계속 불행할지, 아니면 행운이 다시 찾아올지를 사람들로 하여금 추정케 했습니다.

그 결과 사람들은 불운이 크기와 상관없이 지속될 것이라고 대답했습니다. 투자의 결과든 일상생활에서든 운이 나쁜 경우에는 그러한 현상이 계속될 것이라고 예상하는 경향이 강해진다는 것입니다. 그렇다면 이를 통해 우리가 배울 수 있는 바는 무엇일까요? 작은 행운에 해당하는 금전적 이득을 행운이라고 포장하지 말고 실패한 측면이 무엇인가를 봐야 한다는 것입니다. 예를 들어, 왜 비슷한 시기에 투자한 다른 사람들에 비해 내가 더 적은 수익을 냈는가처럼 말이지요. 작지만 이러한 행동의 변화를 꾀한다면 돈보다 훨씬 더 많은 것을 배울 수 있을 것입니다.

미래의 큰돈에는
구체적 제목을

앞에서 우리는 1년 뒤 20만 원보다 지금 당장 5만 원을 선호하는 사람들의 이야기를 살펴보았습니다. 심리학자들은 이러한 현상을 '시점 할인temporal discounting'이라고 부르는데요. 미래의 어떤 보상을 가질 수 있는 시간이 더 길어질수록 그 보상의 금전적 가치가 떨어지는 현상을 의미합니다. 예를 들어 1년 후에 1천만 원은 한 달 후의 1천만 원과 같은 액수임에도 불구하고 상대적으로 더 낮은 가치가 있는 것처럼 느껴진다는 것이죠(물가의 인상을 감안하더라도 사람들은 1년 후의 돈의 가치를 훨씬 낮게 인식합니다).

미래의 가치가 낮게 추정되는 일은 금전적 관계에서만 일어나지 않습니다. 시험 전날에는 유난히 TV 드라마가 재미있게 느껴집니다. 심지어 아버지가 즐겨 보시던 바둑 채널마저 재밌어질 지경이죠. 이런 일이 벌어지는 이유는 간단합니다. 현재의 소소한 즐거움이 미래의 시험점수보다 더 큰 가치로 여겨지기 때문이죠. 이러한 시점 할인은 우리가 장기적인 목표를 달성하는 데 있어서 걸림돌로 작용합니다.

그렇다면 우리는 시점 할인에서 벗어날 수 없는 운명일까요? 다음 실험을 통해 해답을 얻어보시죠. 오스트리아 빈 대학의 심리학자 김현지 교수와 영국 캠프리지 대학의 시몬 슈네(Simone Schnall) 교수 연구진은 우선, 실험에 참가한 사람들이 1년 후의 500유로와 지금 당장의 360유로를 비슷한 가치로 여긴다는 사실을 밝혀냈습니다.[38] 그렇다면 1년 후 이 500유로의 가치 하락을 최대한 어떻게 막을 수 있을까요? 연구진의 아이디어는 기발했는데요. 단순히 '500유로'라는 금전적 표현이 아니라 500유로 상당의 숙소 그림이 그려진 바우처를 제시한 것입니다. 이 방법으로 사람들의 반응은 확연하게 달라졌습니다. 시점 할인의 정도가 현격하게 감소되면서 많은 사람들이 지금 당장 360유로를 받을 수 있는 유혹을 이겨내고 1년 후 500유로 가치에 해당하는 '자신이 좋아하는 여행 바우처'를 기꺼이 기다린다는 것이지요. 이후의 실험에서는 그 여행지가 프랑스 에펠탑과 몽마르트 언덕에서 마시는 와인의 감동을 느끼는 것 등으로 더욱 구체화될수록 시점 할인 현상이 더욱 감소하는 것으로 나타났습니다. 즉, 더 큰 미래의 가치를 기꺼이 추구한다는 것이죠.

이러한 결과가 나온 이유는 무엇일까요? 미래의 가치와 그에 따른 보상은 추상적일 수밖에 없습니다. 따라서 현재의 구체적인 보상이 만들어내는 생생한 가치를 이기기가 힘들죠. 그런데 미래라 하더라도 생생하고 구체적으로 묘사해 주면 사람들은 그 미래 가치와 보상을 현재의 관점으로 보고 느끼기가 수월해집니다.

따라서 성과를 이끌어내기 위해서는 특별하면서도 구체적인 제목이 필요합니다. 조직의 경우 단순히 '향후 5년 이내에 OO억 원 매출 달성'보다는 '5년 후 신사옥으로 이전을 위한 OO억 원 매출 달성'과 같은 표현이 더 현명하고 다이어트에 성공하기 위해서도 '한 달 동안 3킬로그램 감량'보다는 '한 달 뒤에 있을 절친의 결혼식에 새 옷을 입기 위해 3킬로그램 감량하기' 같은 목표가 성공 확률을 높여준다는 것이지요.

우리는 흔히 청사진이라는 표현을 사용합니다. 제대로 된 청사진을 제시하고 이루어내기 위해서는 목적을 분명하게 드러낸 제목을 가지는 것이 중요합니다.

당신은 이 돈을
어떻게 벌었습니까?

 돈만큼 안전과 모험 사이에 관한 고민이 많은 영역도 없을 것입니다. 투자와 안정, 공격과 방어, 혹은 혁신과 보수 등 이름은 달리하고 있지만 결국 의미하는 것은 한 가지일 텐데요. 불확실한 모험을 통해 더 큰 것을 추구할 것이냐, 아니면 안전한 선택을 위해 작지만 확실한 것을 가질 것이냐입니다. 이것이 앞으로 일어날 일에 대한 선택처럼 생각되지만 실은 상당 부분이 지금까지 걸어온 길을 얼마나 길고 굴곡 있게 보느냐에 의해 결정되는데요. 왜 그런지 한번 알아봅시다.

 여기 두 개의 게임이 있습니다. 게임 A는 1억 원을 받을 수 있는 확률이 100%입니다. 반면에 게임 B는 1억 원을 받을 확률이 80%, 5억 원을 받을 확률이 10%, 아무것도 받지 못할 확률이 10%죠. "둘 중의 하나를 할 수 있다면 어떤 게임을 하겠습니까?"라고 사람들에게 물어보면, 절반 넘는 사람들이 게임 B를 하겠다고 응답합니다. 실제로 얻을 수 있는 금액에 확률을 곱한 값인 기대가치에 있어서 A(1억 원)보다 B(0.8억 원 + 0.5억 원 = 1.3억 원)가 더 크기 때문입니다.

그런데 재미있는 건 A와 B를 게임이 아닌 다른 관점으로 보게 만들어주면 사람들의 선택이 확연히 달라진다는 점입니다. 예를 들자면 이렇게 말해주는 거죠.

"당신은 지난 1년간 매우 열심히 일을 했습니다. 그래서 회사에서는 올해 연봉으로 두 옵션 중 하나를 제시하려고 합니다."

그런 뒤 앞에서 말한 A(게임 A와 같은 조건)와 B(게임 B와 같은 조건) 중 어느 것을 고르겠냐고 물으면 대부분은 A를 선택합니다. 그리고 이렇게 말하죠.

"1년 동안 열심히 일했는데 아무것도 받지 못하는 경우가 있으면 안 됩니다."

다른 상황에서도 이러한 반전을 만드는 것은 얼마든지 가능합니다. 대뜸 사람들에게 게임 A와 B 중 하나를 선택하라고 하면 사람들은 대부분 B를 선택합니다. 좋은 말로는 모험이고 나쁜 말로는 좀 더 위험한 선택을 하는 셈이지요. 그런데 사람들로 하여금 게임을 하러 간다고 해놓고 꽤 오랜 시간을 걸어 어떤 장소에 도착하게 하거나 긴 시간을 기다리게 한 다음 같은 게임인 A와 B를 주면 B를 선택하는 사람들의 숫자가 확연히 줄어듭니다. 이제는 안전하고 확실한 선택을 하는 것이죠.

이쯤 되면 그 이유를 눈치 채신 독자들이 상당수 계실 텐데요. 맞습니다. 사람들은 '나의 수고'가 많이 들어간 돈과 그렇지 않은 돈을 확연히 다르게 취급합니다. 그 수고가 커지면 커질수록 사람들은 확실하고 안전한 선택을 하는 경향이 강해지는 거죠. 반면 별다른 수고가 없으면 훨씬 더 모험적인 선택을 합니다.

강연 등을 통해 가끔 중고등학교생 자녀를 둔 학부모님들과 이야기 나눌 기회가 있습니다. 그럴 때 꽤 많이 나오는 주제가 자녀들이 돈을 너무 함부로 쓰는 것 같아 걱정스럽다는 이야기입니다. 이럴 때 무조건 아껴 쓰라고 호통치거나 돈을 주지 않는 등 극단적인 조치를 취한다면 아이들과 갈등만 커지겠죠. 이럴 땐 돈을 벌기 위해 열심히 땀 흘린 동년배들을 만날 수 있는 자리를 마련해 보는 것도 도움이 됩니다. 자신과 비슷한 또래의 친구들이 땀과 노력을 통해 돈을 버는 모습을 지켜보면서 무분별한 소비 습관이 자제될 가능성이 높아지기 때문입니다.

하지만 미래를 위해 도전하고 노력하게 만들고 싶다면 지금까지의 노력과 성과를 잠시나마라도 머릿속에서 깨끗이 지워낼 수 있도록 해줘야 합니다. 노력의 대가를 떠올릴수록 사람들은 지극히 안전하고 확실한 대안만을 선택하려 하기 때문이죠. 사람은 같은 자원을 놓고 모험적인 게임을 할 수도, 지키기 위해 안간힘을 쏠 수도 있는 존재입니다.

64

좋은 돈과 나쁜 돈

　요즘은 현금을 쓸 일이 없지만, 얼마 전만 하더라도 지갑 속에 그날그날 사용할 지폐를 채워 다녔습니다. 계산을 하고 거스름돈을 받았는데 빳빳하고 깨끗한 신권이 손에 들어올 때가 있으면 별것 아닌데도 기분이 엄청 좋아지지요. 여러분은 이럴 때 어떻게 하시나요? 신권도 다른 돈처럼 아무렇지 않게 쓰시나요? 저는 신권은 이상하게 함부로 못 쓰겠더라고요. 다른 지폐들은 바지 주머니에 찔러 넣기도 하고, 자잘한 물건을 살 때 고민 없이 내밀지만 신권은 차마 반으로 접지도 못해 따로 봉투에 담아 놓거나 다이어리 뒷장에 꽂아 놓고 최대한 아껴 쓰게 됩니다.

참 신기하지요? 그 돈이 나온 지 얼마 안 되었다고 해서 만 원짜리가 2만 원이 되는 것도 아닌데 우리는 왜 더 가치 있는 것처럼 대하는 걸까요?

게다가 소중한 사람에게 돈을 주는 상황에선 웬만하면 깨끗한 돈을 찾습니다. 귀여운 조카에게 용돈을 주는 상황이나, 축의금이나 조의금을 내야 할 때, 너덜너덜 닳고 찢어진 더러운 돈보다는 비교적 깨끗한 돈으로 골라 봉투에 담으려고 할 거예요. 마치 돈의 청결함이 그 돈의 도덕성을 표현해 주는 것처럼 말이죠. 아무것도 묻지 않아 깨끗한 돈과, 도덕적으로 깨끗한 돈. 똑같이 '깨끗하다'라는 어휘를 사용하지만 두 뜻이 다르다는 것쯤은 우린 모두 알고 있습니다. 하지만 우리의 뇌는 의외로 이 둘을 혼동하기도 하고 동일시시키기도 합니다.

"그 더러운 손을 치워."
"그 사람 참 가슴이 따뜻해."
"차가운 머리로 생각하라."

이런 표현들은 거의 모든 문화권에서 존재합니다. 더러운 손은 오물이 묻은 손을 말하는 게 아니라 죄를 저질렀다는 행위의 다른 표현이지요. 가슴 온도가 평균 체온보다 높아지거나 머리가 실제로 차가워지는 상황이 발생하면 심각한 질병이니 당장 병원에 가야 합니다. 하지만 이는 실제 체온이 아니라 다정하다거나 이성적이라는 묘사를 온도로 대신 표현한 거지요. 이처럼 우리 마음속에서는 언어를 동일하게 사용함으로써 실제로는 관련 없는 상황을 똑같이 연결시키는 일이 종종 일어납니다. 그래서 깨끗한 돈은 정직하고 착한 돈이라는 인식이 자리 잡기도 합니다.

실제로 사람들이 돈과 도덕성을 어떻게 연결시키는지에 대한 심리학 실험이 있었습니다. 시간이 지난 후에도 다양한 버전으로 반복되고 정리된 유명한 연구로 손꼽히지요.

연구자는 백화점에서 사은 행사를 진행한다고 공고를 내고 무작위로 당첨된 고객들에게 공짜로 50만 원짜리 상품권을 나눠 주었습니다. 그런데 이 상품권은 금액은 같지만 두 종류로 나뉘어 있었는데요. 상품권 가운데엔 후원한 회사의 로고가 찍혀 있는데, 하나는 불법적인 방식으로 이득을 취한 기업이고, 다른 하나는 윤리적인 방식으로 꾸준히 성장해 나간 좋은 기업이었던 것입니다.

연구자들은 상품권을 받은 고객들을 몰래 추적하여 이 돈을 어떻게 사용하는지 관찰해 보았습니다. 그 결과 좋은 기업의 상품권을 받은 고객들은 돈을 규모 있게 쓰고 아껴 쓴다는 공통점이 발견되었어요. 50만 원 중에 필요한 생필품을 사고 남은 것은 모아두었고, 신중하게 물건을 고르느라 쇼핑에 걸리는 시간도 오래 걸렸지요. 하지만 나쁜 기업의 상품권을 받은 고객들은 약속이라도 한 듯 그날 하루에 50만 원을 홀라당 다 써 버렸다고 합니다. 마치 충동구매 하듯 사치품 위주로 말이지요. 대부분의 사람들 마음속에서 그 돈은 더러우니 빨리 해치워야 한다고 느꼈기 때문입니다. 게다가 나쁜 기업의 상품권을 살짝만 구겨놓아도 실험의 결과는 극대화되었습니다.

'개같이 벌어서 정승같이 쓴다'는 말이 있습니다. 개같이 번다는 말에는 여러 가지 의미가 포함되어 있을 거예요. 고생해서 힘들게 벌었다고 해석할 수도 있고, 지저분한 방식으로 벌었다고 읽을 수도 있겠지요. 그런데 만약 비윤리적으로 번 돈이라면 정승처럼 우아하게 소비하기는 어려울 것 같습니다. 가치 있게 번 돈이어야 점잖게 쓰고, 그렇지 못한 돈은 함부로 쓰는 것이 우리 내면의 심리니까요.

그래서 저는 부모가 어떻게 돈을 벌었는지 우리 아이들에게 분명하게 알려줄 필요가 있다고도 생각합니다. "아빠가 고생해서 번 돈이야"라고 수고로움을 강조하는 경우는 많지만 힘들게 벌었다는 이야기뿐 아니라 정직하고 착한 방법으로 마련한 돈이라는 이야기도 함께 들려주세요.

우리 주변엔 부모의 돈을 물 쓰듯 쓰는 사람들이 있습니다. 자기 부모가 돈 버는 방식에 존중감이 없는 경우가 대부분이지요. 실제로 부도덕한 방법으로 부를 축적했을 수도 있지만 부모 스스로가 돈에 대한 존중감이 적거나, 자녀에게 그 부분을 인지시키지 못한 탓도 크다고 생각합니다.

이렇게 보면 왜 기업들이 막대한 예산을 들여 이미지 광고에 열을 올리는지도 조금은 이해가 갑니다. TV를 보다 보면 국민과 함께하는 기업, 아름다운 기업, 사회와 공존하는 기업, 창의적인 기업이라며 기업의 좋은 이미지를 앞다투어 홍보하는 광고를 접하게 되지요. 차라리 새 제품을 광고하는 게 더 이익일 것 같은데 뭐 하러 힘들게 회사 이미지를 포장하는 걸까요?

이런 광고는 소비자뿐 아니라 그 회사에서 근무하는 직원을 위한 투자이기도 합니다. 기업이 스스로 부를 축적하는 방식이 윤리적이고 선하다는 것을 알렸을 때 직원들에게 좋은 변화가 나타난다는 연구 결과도 있으니까요. 착한 회사의 직원들은 심지어 물자와 전기까지 아껴 쓴다는 거예요.

반대로 기업의 비윤리적인 행적이 기사에 노출될 때마다 직원들이 물자를 낭비하는 횟수가 늘어난다는 연구도 존재합니다. 그러고 보면 우리 뇌는 돈의 양만 문제 삼지 않는 것 같습니다. 돈을 버는 방식이나 윤리성 또한 고려하고 있기 때문이지요. 돈을 쓸 때마다 스트레스를 받거나 마음이 찜찜하다면 그 돈을 바라보는 나의 인식부터 점검해 볼 필요가 있습니다.

대부분의 우리는 대단히 많은 부를 소유하고 있지는 않지만 정상적이고 윤리적인 방식으로 소득 활동을 하고 있습니다. 현대 사회는 과거에 비해 돈 버는 방법이 다양화되었고, 쉽게 떼돈을 벌었다고 자랑하는 사람도 많습니다. 하지만 나 스스로 생각하기에 정직하고 윤리적인 방식으로 돈을 벌고 있다면 스스로에게, 그리고 나의 가족과 자녀에게 그 자랑스러운 사실을 꼭 인식시켜 주세요.

돈에 대한 나의 존중감과 자긍심이 허투루 나가는 돈을 막아낼 수 있습니다. 이 또한 돈에 관련된 온갖 부정적인 습관과 생각에서 자유로워질 수 있는 방법 아닐까요?

· 참고문헌 ·

1. Lee Cunningham, Julia & Gino, Francesca & Jin, Ellie & Rice, Leslie & Josephs, Robert. (2015). Hormones and Ethics: Understanding the Biological Basis of Unethical Conduct. Journal of experimental psychology. General. 144. 10.1037/xge0000099.

2. Worthy, D.A., Markman, A.B., & Maddox, W.T. (2009). Choking and Excelling at the Free Throw Line. International Journal of Thinking and Problem Solving, 19, 53-58.

3. Shen, Y. J., & Chun, M. M. (2011). Increases in rewards promote flexible behavior. Attention, Perception, & Psychophysics, 73, 938–952. http://dx.doi.org/10.3758/s13414-010-0065-7

4. Fröber, K., & Dreisbach, G. (2015, August 3). How Sequential Changes in Reward Magnitude Modulate Cognitive Flexibility: Evidence From Voluntary Task Switching. Journal of Experimental Psychology: Learning, Memory, and Cognition. Advance online publication. http://dx.doi.org/10.1037/xlm0000166

5. Cavicchio F., Melcher D. & Poesio M. (2014). The effect of linguistic and visual salience in visual world studies. Frontiers in Psychology, 5:176

6. Parkinson, Cyril Northcote (November 19, 1955). "Parkinson's Law". The Economist.

7. Wood, G. & Wilson, M.R. (2010). Gaze behaviour and shooting strategies in football penalty kicks: Implications of a 'keeper-dependent approach. International Journal of Sport Psychology, 41, 293-312.

8. Kim, K., & Markman, A. B. (2006). Differences in fear of isolation as an explanation of cultural differences: Evidence from memory and reasoning. Journal of Experimental Social Psychology. vol 42. 350-364.

9. Levine, E., & Munguia Gomez, D. (2021). "I'm just being honest." When and why honesty enables help versus harm. Journal of Personality and Social Psychology, 120(1), 33–56. https://doi.org/10.1037/pspi0000242

10. https://www.psychologytoday.com/us/blog/ulterior-motives/202104/people-can-use-honesty-justify-selfishness

11. White, J. B., Schmitt, M. T., & Langer, E. J. (2006). Horizontal Hostility: Multiple Minority Groups and Differentiation from the Mainstream. Group Processes & Intergroup Relations, 9(3), 339–358. https://doi.org/10.1177/1368430206064638

12. Shockley, K. M., & Allen, T. D. (2015). Deciding between work and family: An episodic approach. Personnel Psychology, 68(2), 283–318. https://doi.org/10.1111/peps.12077

13. Over, H., and M. Carpenter. 2009. "Eighteen-Month-Old Infants Show Increased Helping Following Priming with Affiliation." Psychological Science. 20: 1189–93.

14. Hom, M.A., Chu, C., Rogers, M.L., & Joiner, T.E. (2020). A meta-analysis of the relationship between sleep problems and loneliness. Clinical Psychological Science, 8(5), 799-824.

15. Cryder, C. E., Lerner, J. S., Gross, J. J., & Dahl, R. E. (2008). Misery Is Not Miserly: Sad and Self-Focused Individuals Spend More. Psychological Science, 19(6), 525–530. https://doi.org/10.1111/j.1467-9280.2008.02118.x

16. Brendl, Miguel, Arthur B. Markman and Claude Messner. 2003. The Devaluation Effect: Activating a Need Devalues Unrelated Choice Options. Journal of Consumer Research. 29(4): 463-473.

17. Derefinko, K. J., Adams, Z. W., Milich, R., Fillmore, M. T., Lorch, E. P., & Lynam, D. R. (2008). Response style differences in the inattentive and combined subtypes of attention-deficit/hyperactivity disorder. Journal of Abnormal Child Psychology, 36, 745-758.

18. Hawkins, M., Gunstand, J., Calvo, D., & Spitznagel, M. (2015). Higher fasting glucose is associated with poorer cognition among healthy young adults. Health Psychology, 35, 199-202.

19. Tullett, A., & Inzlicht, M. (2010). The voice of self-control: Blocking the inner voice increases impulsive responding. Acta Psychologica, 135, 252-256.

20. Fengpei Hu, Tao Jiang, Huadong Chu, Rongjie Chu, Xizan Jin & Xiaofen Yu (2019) Individuals' economic value orientation or social equity value orientation? A dual value orientation in the process of house demolition compensation, The Journal of General Psychology, DOI: 10.1080/00221309.2019.1656162

21. Shen, L., Fishbach, A., & Hsee, C. K. (2015). The Motivating-Uncertainty Effect: Uncertainty Increases Resource Investment in the Process of Reward Pursuit. Journal of Consumer Research, 41, 1301-1315.

22. Majer, J.M., Trotschel, R., Galinsky, A.D., & Loschelder, D.D. (2020). Open to offers, but resisting requests: How the framing of anchors affects motivation and negotiated outcomes. Journal of Personality and Social Psychology, 119(3), 582-599.

23. Kivetz, R., Urminsky, O., & Zheng, Y. (2006). The goal-gradient hypothesis resurrected: Purchase acceleration, illusionary goal progress, and customer retention. Journal of Marketing Research, 43, 39–58.

24. Bonezzi, A., Brendl, C. M., & DeAngelis, M. (2011). Stuck in the middle: The psychophysics of goal pursuit. Psychological Science, 22, 607–612.

25. Dai Xianchi, Miguel Brendl and Dan Ariely. 2010. Wanting, Liking, and Preference Construction. Emotion. 20: 324-334.

26. Raymond, J.E., Fenske, M.J., & Tavassoli, N.T. (2003). Selective attention determines emotional responses to novel visual stimuli. Psychological Science, 14(6), 537-542.

27. Lamba, A. Frank, M.J., FeldmanHall, O. (2020). Anxiety impedes adaptive social learning under uncertainty. Psychological Science, 31(5), 592-603.

28. Oishi, S. & Kesebir, S. (2012). Optimal social network strategy is a function of socio-economic conditions. Psychological Science, 23, 1542-1548.

29. Notebaert, L., Masschelein, S., Wright, B., & MacLeod, C. (2015, December 21). To Risk or Not to Risk: Anxiety and the Calibration Between Risk Perception and Danger Mitigation. Journal of Experimental Psychology: Learning, Memory, and Cognition. Advance online publication. http://dx.doi.org/10.1037/xlm0000210

30. Larney, A., Rotella, A., & Barclay, P. (2019). Stake size effects in ultimatum game and dictator game offers: A meta-analysis. Organizational Behavior and Human Decision Processes, 151, 61-72.

31. Kanze, D., Huang, L., Conley, M. A., & Higgins, E. T. (2018). We ask men to win and women not to lose: Closing the gender gap in startup funding. Academy of Management Journal, 61(2), 586-614.

32. Hershey, J. C., and Schoemaker, P. J. H., "Risk Taking and Problem Context in the Domain of Losses: An Expected Utility Analysis," The Journal of Risk and Insurance, Vol. 47, 1, 1980, pp. 111-132.

33. Eskreis-Winkler, L. & Fishbach, A. (2020). Hidden failures. Organizational Behavior and Human Decision Processes, 157, 57-67.

34. https://www.psychologytoday.com/intl/blog/ulterior-motives/202004/people-don-t-share-their-failures-often-enough

35. Liyin Jin, Szu-chi Huang, & Ying Zhang (2013). The Unexpected Positive Impact of Fixed Goal Structures on Goal Completion. Journal of Consumer Research, 40(4), 711-725.

36. Huang, S.-c., & Zhang, Y. (2013). All roads lead to Rome: The impact of multiple attainment means on motivation. Journal of Personality and Social Psychology, 104(2), 236–248. https://doi.org/10.1037/a0031039

37. Jaeger, Christopher & Brosnan, Sarah & Levin, Daniel & Jones, Owen. (2020). Predicting variation in endowment effect magnitudes. Evolution and Human Behavior. 10.1016/j.evolhumbehav.2020.04.002.

38. Kim, H., Schnall, S., & White, M. P. (2013). Similar Psychological Distance Reduces Temporal Discounting. Personality and Social Psychology Bulletin, 39(8), 1005-1016.

부의 심리학

초판 1쇄 발행 2025년 6월 18일
초판 4쇄 발행 2025년 9월 18일

지은이 김경일
펴낸이 김선준

편집이사 서선행
편집1팀 이주영, 김송은, 천혜진 **외주편집** 임나리
디자인 김세민
마케팅팀 권두리, 이진규, 신동빈
홍보팀 조아란, 장태수, 이은정, 권희, 박미정, 조문정, 이건희, 박지훈, 송수언, 김수빈
경영관리팀 송현주, 윤이경, 임해랑, 정수연

펴낸곳 ㈜콘텐츠그룹 포레스트 **출판등록** 2021년 4월 16일 제2021-000079호
주소 서울시 영등포구 여의대로 108 파크원타워1 28층
전화 02)332-5855 **팩스** 070)4170-4865
홈페이지 www.forestbooks.co.kr
종이 ㈜월드페이퍼 **출력·인쇄·후가공·제본** 한영문화사

ISBN 979-11-94530-46-6 (03180)

- 책값은 뒤표지에 있습니다.
- 파본은 구입하신 서점에서 교환해드립니다.
- 이 책은 저작권법에 의하여 보호를 받는 저작물이므로 무단 전재와 복제를 금합니다.

㈜콘텐츠그룹 포레스트는 독자 여러분의 책에 관한 아이디어와 원고 투고를 기다리고 있습니다. 책 출간을 원하시는 분은 이메일 writer@forestbooks.co.kr로 간단한 개요와 취지, 연락처 등을 보내주세요. '독자의 꿈이 이뤄지는 숲, 포레스트'에서 작가의 꿈을 이루세요.